〈本日のランチ〉
お魚定食
700円
生姜焼定食
700円
唐揚げ定食
700円
営業中

キッチン ニュー早苗
☎03-3371-8564

レイク

御食事 いわさき
TEL 3591-4740
いわさき

白鶴
三州屋
白鶴
三州屋

JR
JR東日本
駒込駅
Komagome Station
制限高2.3M

レバニラ炒め
670円
ギョーザ
(5ヶ)
300円
麻婆茄子
770円

POPEYE

お食事
呑み処
おかず
定食
そば・うどん
オール80円

JR 神田駅

上野駅 UENO STATION

健康十訓

御食事処

レストラン

仙台や
3461-8114

山区
品川
しながわ
品川
시나가와
JY
25
大崎
Ōsaki
田町
Tamachi
Shinagawa

ニッポン定食散歩

今 柊二

竹書房

「定食」の前に
人は平等である。

ニッポン定食散歩

第1章 山手線一周 定食ぶらぶら散歩

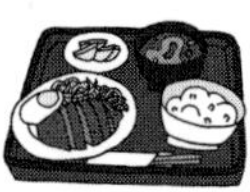

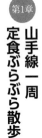

第2章 何度でも通いたい！ワクワク洋食巡り

第3章 みんな大好き生姜焼き定食

第4章 安定の美味しさ チェーン系定食屋&中華屋

回鍋肉定食

第5章 北から南へ定食漫遊 全国食べ歩き

鳥のから揚げ定食

第6章 ステキな一杯を求めて立ちそば巡礼は続くよ

【コラム】

●『錦　渋谷2号店』（P24）、コラム『渋谷「定食」今昔物語』はｗｅｂ連載『一個人・明治通り定食街道をゆく』より。他は全て書き下ろしです。
※本文中に出てくる飲食店のデータ（店の有無、場所など）は文章中に記された日付時点のものか、2017年10月末現在のものです。値段は基本的には税込み価格で表記してあります。執筆時以降、データが変更されている可能性があるので（値段が上がったとか、閉店したとか）もありますのでご注意ください。

はじめに

定食×散歩でおいしさ倍増

ビール好きはおいしくビールを飲むために、運動やサウナで汗をかき、途中で水分を取ることを徹底的に我慢する。そして、乾きが極限まで達した直後に、キンキンに冷えたビールをドドっと流し込み、最大の快楽を得るのだ。

定食もまたビール同様によりおいしく食べるためには、事前の準備が必要だ。それは実は散歩だ。まず、ふらふらと歩きまわることでお腹が空くので、定食をおいしく食べられる。ただ単にお腹を空かせるだけなら、スポーツジムでもランニングでもいいはずだが、散歩の効能は「運動」だけではない。ふらふらと歩き回ることで、自分が歩いている街の「かたち」に触れることができるのだ。「ああ、この街の食べ物屋はこの辺りまでか」とか、「お、新しい餃子屋ができている。ランチもあるぞ」、または「この居酒屋は昼に随分客が並んでいるな。…なんと、マグロ丼など海鮮系がおいしそうだ！」などと、じっくり観察することができる。つまり、「いい店」を探す機能も「散

歩」にはあるのだ。食堂などだけではなく、古書店やおいしそうなパン屋やケーキ屋が見つかることもあってそれもまたうれしい。

ちなみに、散歩する時間・距離は最初から厳密に決めないほうがいい。駅から目的地まで歩く距離を「1」とすれば、「1＋0・3」、つまり3割増しくらいが妥当だろう。ちょっと横道にそれたり、または遠回りの道を選ぶくらいの感覚か。距離は3割増しかもしれないが、後に食べる定食のおいしさは倍増し、何かしら「発見」できるおまけも付くかもしれません。

さて本書。今回のテーマは、街をふらふらと散歩をして、街の変化や魅力に感じ入りつつ、ステキな定食屋を紹介することだ。拙著『定食ニッポン』を刊行してからちょうど10周年を記念してという側面もある。『定食ニッポン』でも山手線を一周したが、今回再び一周し、その街の変化もチェックしている。さらに「洋食巡り」、「生姜焼き特集」、「チェーン系定食&中華」、「全国食べ歩き」、そして「立ちそば」と、内容は盛りだくさんとなったので、ぜひお読みいただき、定食散歩に出てください！

ちなみに、私の定義する「定食」は「ご飯＋おかず＋汁」で構成される食べ物。このなかで一番大事なのは「ご飯」。汁はない場合、水で代役できるというくらい、おおまかな基準なのです。

今柊二

編集……柴田洋史
装丁・本文組版……水木良太
カバー&扉&メニューイラスト……松岡脩二

第1章

山手線1周
定食ぶらぶら散歩

「山手線一周　定食ぶらぶら散歩」

それでは山手線一周の旅に出る。『定食ニッポン』の時と同様、スタートとゴールは渋谷。奇しくも、山手線各駅中最も劇的に変化し、なおかつ私が最も利用している駅が渋谷なのだ。ゆえに渋谷から始めるのは妥当だろう。渋谷の記述が多くなったことはご容赦いただきたい。また山手線各駅の変化は各駅ごとに記したが、本章最後にもまとめた。

渋谷
しぶや
原宿　恵比寿

吉野家

変化する渋谷。変化しない『吉野家』で食べる「明太子牛小鉢定食」

山手線定食ぶらぶら散歩、まず最初は渋谷駅から出発だ。山手線各駅の中で、最も劇的な変化を遂げ、なおかつ現在進行形で変化しているのが渋谷だろう。…というより、この街は、明治以降短い期間で変化をし続け、お

そらくこの先もずっと変わり続ける遺伝子を持っている気がする。私が上京し、初めて渋谷にやって来たのが1986年。竹書房の定食文庫シリーズ第一弾『定食ニッポン』が出たのが2007年。そして今は2017年。1986年から2007年の間にも、いろいろと変化はあったが、この10年の方がさらに変化が激しい。ちょっと定食からはそれるけれども、散歩というテーマを語るうえで、とても大事なことなので、以下で大きなトピックごとに年順に記してみよう。

❶2008年6月副都心線開通。ただ、新南口の発展が印象深い時期だった

1996年に埼京線、2001年に湘南新宿ラインが渋谷駅に停車するようになり、従来のJR渋谷駅より、恵比寿寄りに埼京線と湘南新宿ラインのホームが完成し、2001年に新南口が出来た。以降、私の行動ルートが結構変わった。というのも、昼間の私は、恵比寿駅のやや渋谷寄りのオフィスにいるからだ。これまでは横浜方面からオフィスに帰還する際は、東急東横線がメインだったが、時間によっては湘南新宿ラインの方が早く、また快速に乗って渋谷で降りて、新南口からオフィスに歩く方が時間的に早いことに気が付いた。そしてこの新南口からJRの線路沿いを歩く道（ここでは山手線の内側）はポッカリとした空間で、心がとても広々とする。途中に立つゴミ焼却場の巨大な白い煙突も、渋谷の青空に溶け込んでいる。…都会生活を送っていると、時折大きな空間をたらたらと

歩くのはとてもリフレッシュ効果もあり気持ちがいいですね。

さらに、新南口は次第にオフィスが増加していって、結構サラリーマンが群生するようになった。昼間はオフィスで働く私にとっては、少しだけ「仲間」が増えたようで、それも少しうれしかった。専門学校も周辺にいくつかあり、さらに國學院大學や実践女子大もあるため学生も少なくない。ちなみにこの新南口は、かつて東急東横線の渋谷~代官山の間に存在した並木橋駅にほど近い。この並木橋駅は1927（昭和2）年に東横線開業とともに設置されたが、戦後まもなく1946（昭和21）年に廃された。存在していたときは、前述の國學院、青山学院、さらには後に移転した常盤松高等女学校（現在のトキワ松女子学園）などに通う学生も多くわりと賑わっていたそうだ（都電の駅も近かった）。

往年の盛り場はふとしたきっかけで復活することがある。この新南口は並木橋の賑わいを復活させたともいえる。事実、新南口から明治通りに抜けた辺りは、かなりよい定食スポットになった。並木橋の伝統店、昼間に素晴らしい魚定食を供する『のじま』、ラーメンとご飯もののステキなセットを出す『麺飯食堂　なかじま』（後述P50コラム参照）、チェーン店では『小諸そば』『やよい軒』とかなりそろっているのだった（まあ、場外馬券場が近いということもあるけれど）

…さてさて、そんな渋谷に2008年に副都心線の駅が開通した。これは明治通りに沿ってその地下を渋谷から池袋に向かって走っていく路線で、出来たときから東急東横線と相互乗り入れをすることは決定済だった。地下深くに完成した東京メトロ副都心線の渋谷駅は横浜方面が壁になっていて、「ああ、いずれこの壁が撤去されるんだろうな」と思って眺めていたことを思い出す。ちなみに、この副都心線の上に半蔵門が走っていたため、両線の乗り換えは楽になった。当時は、「この後はもっと便利になるんだろうな」と脳天気に考えていたが、数年先にものの見事に裏切られることになる。

❷2012年3月ヒカリエは開店。しかし、おっさんたちには関係がなかった…

ヒカリエ開店。副都心線渋谷駅の真上だ。これはもう大きな建物ができたなという感慨以外何もない。上層階にある「シアターオーブ」という劇場に「ブリング・イット・オン」というチアリーディングのミュージカルを子どもと見に行ったくらいで、私の日常生活には見事に関係ない。関係があるのは、この圧倒的に大きなビルの隣にある『味の店　錦渋谷2号店』という中華料理店くらいだ（後述P24～参照）。

❸2013年3月副都心線、東横線と直通…人々は狭くて苦しい「地獄」に転落

これは私の渋谷人生上、最大の事件だった。東急東横線が地下に潜って、渋谷で副新線と乗り入れになることが、かくも重大な事態を引き起こすとは事前には全く予想もできなかった。

…もともと東横線の渋谷駅はとても気持ちのよい大ターミナル駅だった。高架で、規則正しく空いた窓からは外が見えてとても明るかった。ホームにすべり込んだ途端、「さあ出かけるぞ!」と、元気な気持ちになる駅だった。…階下に降りずに、一番前の改札を出てまっすぐ行って少しだけ階段を上ると、すぐに銀座線に乗れたし(表参道で向かい側の半蔵門線に乗るのがツウだった)、また、まっすぐ行かないで、左の階段を上るとすぐに山手線に乗り換えられた。さらに山手線に乗らずに再び階段を下りて、豆乳の大判焼きの店を見つつ右折してさらに左折してズンズン進んでいくと、京王井の頭線に行けた。…というように、実に素晴らしく便利だった。

…ところがだ。東横線が地下深くに潜って副都心線と直通になった途端、山手線をはじめJRは地上の遥かかなた、銀座線はまさに天上界、さらに井の頭線はまるで異次元ではないかというくらい、隔絶された駅となってしまった。どこに行くにも、細い路地のようなところを果てしなく登ったり下りたりしなければならない。さらに常に膨大な乗り換え客で混雑していて、とても苦しい。酸欠になりそうだ。あの気持ちの良い広々とし

た渋谷駅はどこに行った？…まさに天国から地獄とはことのことだ。

多くの渋谷駅使用者は苦しみに顔をゆがめつつ、「もう直通なんていらない！ 元の渋谷に戻して！」と天に向かって叫んだのだった。しかし時代は元には戻らない。しばらくして、地獄の底から上っていくエスカレーター（2017年現在は一定方向にしか動かない厄介者）や、動く歩道などができたが、相変わらずの不便地獄は健在で、人々の顔の歪みはまったくとれない。

まさに、「文明が進歩しても幸せになるとは限らない」ことを人々に示したのであった。…ただ、新宿や池袋に行くときは、渋谷で乗り換えるのはひどく面倒でうんざりなので、東横線乗りっ放しになるという新しい行動パターンができたことはかろうじて進歩した点か。でも以前のJRの乗り換えは楽だったので、これもあんまり恩恵を感じない。なお、同じ3月に東急東横店東館が閉店したが、これは後述する東急プラザ閉店ほどの衝撃はなかった。

❹2015年3月東急プラザ閉店、2017年3月ダイコクドラッグ閉店で渋谷の「ある時代」完全終了

かつて、渋谷は今以上に「文化」に出会う街だった。音楽、書籍、映像に出会う街だった。そのうち、音楽は今でもタワーレコードはあるし、映像も映画館はある。書籍もまんだらけや大きなブックオフもあるが、決定的に弱くなったのが新刊書店である。かつて渋谷には大きな書店がいくつもあった。2000年代によく通ったのは2店あった。まずは大盛堂書店。今もセンター街の入り口にあるけれど、現在の渋谷マルイの隣にあった大盛堂書店本店が大きくてよかった。仕事で政府刊行物なんかもよく買いに行ったな。そして道玄坂を上っていく途中にあった巨大なブックファースト。ここは雑誌のバックナンバーがそろっていましたね。しかし、大盛堂書店は2005年6月、ブックファーストは2007年10月に閉店してしまった。この両店の閉店を補う存在だったのが、東急プラザの5階にあった紀伊國屋書店。文庫、雑誌、単行本がよく整理されていて、上の階の『蓬莱亭』でカツ系の定食を食べて（後述P87コラム参照）、紀伊國屋書店で本を買い、地下の食料品売り場にあった『お菓子の太子堂』でイカクンなど珍味を買い、総菜売り場で唐揚げ（1パック300円くらい）を買うという、一連の美しい流れ（個人的な流れですけどね）があった東急プラザであった。何よりも渋谷駅から近いのがよかったし、東急プラザが全館を通してゆったりとした「雰囲気」があって、あれがよかったたね。しかし、再開

発のため2015年3月閉店。いやあ、前述した副都心線直通に次ぐ衝撃でした。やはり慣れ親しんだ街での自分の行動パターンを破壊する街の改造は、とても辛いね。

ただ、東急プラザなき後も、その周辺はうろうろしていた。と言うのも、明治通り界隈でご飯を食べ、渋谷警察の前にある山下書店で『レコードコレクターズ』などサブカル本や雑誌を買い（ここはそっち方面に強い）、JRのガードをくぐって、『リンガーハット』の近くにあるダイコクドラッグでお菓子を買うという「流れ」があったからだ。このダイコクドラッグは渋谷では数少ない100円ショップが2階にあり、さらに税込み100円という偉大な店だったのでよく買い物をした。しかし、同店も2017年3月に閉店してしまい、私の「この周辺うろうろ」は完全にとどめを刺されて「ある時代」は終わったのであった。

小林信彦先生の東京散歩の名作『私説東京繁盛記』（ちくま文庫／荒木経惟と共著）は「町殺し」がテーマの一つだが、このような渋谷の変化で、私にとって渋谷は半殺しになったようなものだ。

…半殺しと記したのは、私にとってはまだ「生きている」渋谷もいくつか存在しているからだ。今回はまず、そんな中から、道玄坂に上る途中の109

前にある『吉野家』で食べることにする。「のっけからチェーン店か!?」と思われるかもしれないが、この『吉野家』は、比較的古く、なおかついつも混んでいる。もっとも、私が上京した時、ここは有馬楽響堂というレコード店だったようだ（手持ちの『ぴあmap86』で確認）。当時は今以上にレコード店は多かったよね。ちなみに、昭和歌謡の都内のご当地を紹介しつつ、その歌謡曲やそのレコードジャケットを紹介する名著、鈴木啓之『東京レコード散歩　昭和歌謡の風景をたずねて』（東京ニュース通信社）を読んでいたら、著者の鈴木さんはこのレコード店の前をいつも通っていたらしい。少し引用すると、「…109の向かいにあるパチンコ店の横に小さなレコード店があったのは遠い昔のこと。買い物をしたことはついぞなく店の名も知らないままだったが、いつも前を通ってところ狭しとレコードが並べられている様子を眺めていた…」とあるのだ。確かに言われてみると、この『吉野家』、2階の一部にアールの部分などあり、どことなくオシャレだよ。まあ、レコード店の跡地の『吉野家』というのは。とてもシブヤ的な感じもします。

　さてさて、おいしい駅そばは、乗降客の多い駅に存在することが多いが（かつての立川の『奥多摩そば』など）、それは『吉野家』も同様で、繁華街の『吉野家』は独自のオーラを放っている場合が多い。さらに古い店ならなおさらだ。たとえば、上大岡駅前の『吉野家』は私が上京したときからそこに存在し続けているが、やはり他の店舗よりうまい気がする。多くの客が利用することによって、だんだん店が洗練されていくのではないだろうか。店のスタッフは変わるだろうが、伝統を引き継ぎつつ、レベルを維持しているのではないかと思う。その意味では、この１０９前の『吉野家』も多くの若者、サラリーマン、そして最近渋谷で激増している観光客も押しかけ、いつも混んでいて、かなりレベルが高いのではないかと思う。

と言うことで、春のある土曜日、この『吉野家』を訪れる。「春の３００円祭り」というフェアをやっていて、今日はその第3弾。辛子明太子系定食が安い。朝の新しい定食なのだが、フェアの間は普通の時間も供してくれるようだ。…同店を訪れたのは14時半だったが、この辺りは大変な混雑ぶりだな。特に外国人観光客がとても多い。先ほど通り過ぎてきたスクランブル交差点は、完全に観光名所と化していて、ＴＳＵＴＡＹＡや１０９をバックに記念写真を撮っている人たちがとても多かった。そんな姿を眺めつつ、１０９の左側にある『吉野家』に入る。なんと1階は満員。細い階段を上って2階に。ここも1席しか空いていない。そこに座る。すごい人気だ。客の半分くら

いは外国人観光客。私の隣では東南アジア系らしき外国人がお重や牛丼をスプーンで食べている。結構、アジア諸国にも『吉野家』はあり、人気が高いからなあ。先日香港に行ったが、そこでも『吉野家』が大人気だったよ。「辛子明太子定食」がセールで300円と安いが、これだと少し寂しい気もするので、「明太子牛小鉢定食」440円にしよう。ただ、これだとおかずが充実するので、ご飯を大盛りにしておこう。＋30円で470円。水を持ってきたお兄さんに注文して、お茶ももらう。この湯呑でお茶を飲むととてもおいしいよね。かくして素早く登場。牛小鉢、明太子、お新香、そして

吉牛の牛丼はもはやすっかり体になじんでしまった安心のおいしさ

海苔まで付いている。まずはお新香と牛小鉢に七味唐辛子をふる。『気がつけばチェーン店ばかりでメシを食べている』（交通新聞社）の著者の村瀬秀信さんがおっしゃっていた通り、ここの七味は本当においしい。そしてお新香にはさらに醤油を少しだけ垂らす。このお新香が、いつも牛丼食べるときにオプションで追加する、単品のお新香と同じ白菜の漬物でちょっとうれしい。私はこのお新香がとても好きなのだ。

では味噌汁から。ワカメとネギの入ったいつもの味。ちょっと粉っぽい風味が吉牛の味噌汁の味わいだ。何十年も飲んでいるので体がすっかり覚えているね。

次は何を食べるか迷ったが牛小鉢をいただこう。…うまい。安定、安心の品質。吉牛はやはり牛丼のレベルが高い。あんまり甘くないところがいい。そして受け止める米がとてもおいしい。炊き立てなのか、ツヤツヤしている。渋谷のど真ん中で、これだけうまいご飯を食べられてシアワセ。お客がひっきりなしに入ってくるので、きっとご飯もかなりの頻度で炊いているのだろうか。理由はともあれ、ご飯がおいしいのはいいことだ。そうなると明太子も相当活きてくるはず…。食べると、もうこれは「うう！」と、唸ってしまうほどのおいしさ。魚卵のツブツブ感と辛さが果てしなくおかず力を発揮しているなあ。おまけの海苔も漬物もあるので、いくらご飯を大盛りにしたとはいえ、計画的に食べ進めていかないと、ご飯不足になってしまうなと思いつつ、白菜の漬物をポリポリ食べたのであった。ああおいしい。

（２０１７年４月）

渋谷
しぶや
原宿　恵比寿

錦　渋谷2号店

渋谷ヒカリエの隣にある昔ながらの庶民的な中華料理屋

前から一度入りたかったのが、渋谷ヒカリエの隣にある『錦』（ちなみに『錦』はもう一軒、渋谷にある）。たまたま15時に通りかかったので、昼ご飯を食べていくことにしよう。

店内は細長い構造になっている。中途半端な時間だが、私同様、遅めの昼ご飯を食べる勤め人たちでわりと混んでいる。手前のテーブルに座り、メニューを見る。ああそうだ、店の外に日替定食が掲示してあったな。「肉の味噌焼き定食」７９０円。いいじゃないか。これにしようと注文。注文して、洗面所に行って帰ってくると定食が早速登場した。このスピード感がいいねえ。いやいや、早いだけじゃなく実に充実した定食ですね、これは。

まずはスープから。…なんと、ここは器の大半が金属製！　ユニークだなと思いつつス

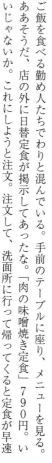

やや辛めの味噌で味付けされた豚肉はおかず力爆発!

ープを飲むと、ゴマ、ネギ、ワカメのシンプルな具だが、うまみのあるスープ。続けてメインにいってみよう。豚ロースの味噌焼きで、ドレッシングのかかったキャベツもたっぷりと付いている。まず肉を食べると、柔らかい豚肉をやや辛めの味噌で味付けをしている。焼いた香ばしさもあり、これはなんともおいしい。まさにおかず力爆発で、炒飯用のお皿にのっている白いご飯をもりもりと食べてしまう。さらに小鉢のポテサラ（これまた金属のお皿にのっていて不思議な感じ）、たっぷりキャベツも付いている。

そんなわけで定食的には、バッチリと栄養を取得することもできて、かなりご機嫌となった私であった（お腹もいっぱいになりました）。

（2015年6月）

原宿《はらじゅく》
代々木　渋谷

王ちゃんの中華

辛さの深さに店の実力が如実に表れる「マーボー豆腐」

原宿に到着していた。ほどよく気候のよい4月の終わりの土曜の夕方。渋谷からずうっと人込みが続いている感じだ。ただ、最近は人が多くてもそれほど疲れなくなったのは、上京して30年以上経って慣れたせいか、さもなければ、渋谷原宿はかなりよく知っているエリアだからか。まあ両方だろう。

実は昼ご飯を食べ損ねていたが、先ほど渋谷のモディの前で「チキチキボーン」の試食キャンペーンというのをやっていてそれをもらった。土日の渋谷はたいてい何かしらのイベントをやっていて、タダで何かをくれることが多い。ローマ帝国の「パンと見世物」のようだ。…10分ほど並んだ後に、宣伝用のユニフォームを着た威勢のよいお姉さんから、揚げたてのチキチキボーンをもらう。なんと2カップも。1カップに5個入ったので計10個をもぐもぐ食べる。チキチキボーンはご存知の通り骨付きフライドチキン。スパイシーかつ揚げたコクがあってうまい。さらに、素晴らしいことに小さい缶ビールもくれた。ゴ

クゴク。プハァー。あああ、いい！

かなり気持ちよくなってきた。そんないい気分のまま、明治通りをテクテクと原宿まで歩いてきたのだ。山手線は隣駅まで歩きやすい場合が多いけれど、渋谷～原宿は相当上位に位置する歩きやすさだ。辺りは日本人の若者も多いが、随分外国人が多い。渋谷だけじゃなくて原宿、表参道にも観光客たちが繰り出してきているのだろう。原宿と言えば、

小林信彦先生は若い時住んでいて、そのあたりのことは『1960年代日記』（ちくま文庫）に詳しいが、ここではその作品よりも、『発語訓練』（のちに『素晴らしい日本野球』〈新潮文庫〉に改題）に収められている短編「サモワール・メモワール」のことを思い出す。この作品は日本がアメリカではなくて、ソビエトに占領された時代があって、独立した後も日本をはじめ、ここ原宿もソビエト文化に満ちているというSFなのだった。小林先生らしい細かい設定がとても面

白い。例えば、表参道がウラジミール通りと名前を変えているのに、地下鉄の駅名はなぜか神宮前になっていたりというようにだ。現実に東京も、昔の地名を消してつまらない地名に変えているのに、小学校名や駅名にかつての名前が残っていることが多い。小林先生はそのあたりの法則を熟知しているのだ。こういうところが先生の偉大なところである（原宿にある百貨店はグム百貨店の日本支店なのだが、架空世界の流れで、結局「ラフォーリ原宿」となっているあたりも面白い）。

さて、チキチキボーンだけじゃ食事にならないので、ちゃんと食べたいところではある。ふと見ると、明治通りと表参道の交差するところにあるビルの4階に『王ちゃんの中華』という店があるようだ。1階は『ブルックスグリーンカフェ』という原宿らしいカフェなんだが、他にもこのビルには焼肉店、中華料理店、八丈島料理店、そしてタイ料理店があるんだね。へえ。ちなみにこの中華の店では土曜の夕方なのにランチが食べられるようだ。これはいいかもと思って、エレベーターで4階に上る。なんだか謙虚な感じの中華料理店。表の喧騒がウソのように静かだ。店内を見ると客は女性ばかり。値段も極めて普通で、７８０円（税別）～という感じ。店内に入り、奥の席に座り、改めてメニューを見る。うん、マーボー豆腐だな。これも７８０円（税別）。最近私はマーボー豆腐がマイブームなのだ。以前はあまり魅力を感じなかったが、辛さの深さに店の実力が出る料理なので、ついつい試してみたくなるのだ。ということで、注文するとおしぼりとグラスと水の入ったポットがやってきた。ポットからコップに自分で注いで、ゴクゴク飲みつつ待つ。まもなくシャカシャカと、厨房からいい音が聞こえてきて、それが止んで、定食登場。おお、こりゃいいね。サラダとニンジンともやしの辛し和え、そしてデザートとして杏仁豆腐も付いているじゃないか。

　ではまずスープからいただこう。これはワカメとかき玉の醤油スープだ。オーソドックスな味でいいですね。続けてメインのマーボー豆腐。たっぷりあるので、スプーンですくって、まずは一口。うん、適度な辛さ。そんなに複雑な辛さではないがバランスがいいな。そして絹ごし豆腐の柔らかさ、挽肉のツブツブ、辛みが合体して、実にいい。すかさずご飯を食べると、やや柔らかめだが、いい炊き具合。ツヤツヤしたご飯だよ。以前は中華料理店はご飯が残念な店が多かったが、最近は随分おいしくなったよねと思いつつ、もりもり食べる。おいしいマーボーは食べ続けても全然飽きないんだよね。のど越しの良さ、挽肉の力強さ、タレの程よい辛み、ネギのシャリシャリ、それに加えてタケノコも入っていて、歯ごたえのバラエティもステキなマーボー。ちなみにマーボーは食べ続けてい

柔らかい豆腐に挽肉の力強さ、程よい辛みが合体して実にステキなマーボー

るとどんどん辛さが体内に蓄積されていくので、合間合間に大根サラダでクールダウンしよう。この爽やかな存在がとてもありがたいね。さっぱりしたところで、再びマーボーに戻る。もやしの辛子和えは別の辛さだから、おかずとしてとっておこう。…かくしてご飯がなくなったので、お姉さんに「半分ください」とお茶碗を差し出す。こういう店の約束として、半分と言っても、1人前のお代わりがくるんだよね。…ほらやはりしっかり1人前（笑）。わはははと笑いつつ、2杯目ももりもり食べ、サラダの残りともやしも食べ、一番最後に杏仁豆腐を食べ、満足して締めくくったのであった。

（2017年4月）

代々木
よよぎ
新宿　原宿

ポパイ

惜しまれつつ閉店した洋食の名店が移転して復活!!

原宿は渋谷から歩いていくことが多いが、原宿から代々木はわりと距離がある。また代々木は、原宿よりはどちらかというと新宿の仲間で、新宿の「香り」がする。実際、新宿駅から歩いていくことも容易だ。さらに、渋谷は完全に東急の勢力下にあるが、原宿になると、東急東横線から延びてきた副都心線と小田急線から延びてきた千代田線の乗換駅である明治神宮駅と接続している関係で、小田急と東急の勢力が拮抗している。これが代々木となるとここはもう完全に小田急支配下。小田急線はすぐそばを走っているし、南新宿駅も近いからね。特に、小田急の南新宿駅と、代々木駅西口と北口はとても近いのだった。

そして、この西口エリアは駅名のついた予備校、代々木ゼミナールの本拠地。それ以外にもいくつも塾もあり、結構学生が多いのだ。ちなみに、現在代々木ゼミナールの本部は、代々木駅前ではなく、むしろ新宿駅や南新宿駅からも近い場所にある巨大な高層ビルなのだった。「代ゼミタワー」との名前で、ガラス貼りのスキのない高層ビルです。代ゼミは

不動産に強いとは知っていたが、改めてこのモノスゴいビルを見ていると、本当だなとつくづく実感するのだった。

…さてさて話を定食に移そう。この街でご飯を食べるとなると選択肢はとても多い。なかでも『しょうが亭』か『ポパイ』に行きたいものだ。『しょうが亭』は大学名のついた定食で有名で、私の大好きな定食屋の一つである。もう一つの『ポパイ』は知人たちから名店の誉れが高いと聞いていたが、まだ未踏の店。この店の前は何度となく通っていて、『ポパイ』の隣には『オリーブ堂』という薬局があり、まさに『ポパイ』と『オリーブ』。随分よくできた店の並びだと感心したものだ。そんな『ポパイ』に、そのうちに訪れようと思っていたら、ビルの建て替えで２０１６年６月に閉店してしまった。とても残念（『オリーブ堂』も移転した）。

…ところがだ。「おいおい、なんと少し離れたところで『ポパイ』が復活したよ！」と知人に聞いた（２０１７年2月）。それはなんとも素晴らしい！　すぐ行こうかと思ったが、意外に代々木には用事がなかった。しかし、ようやく17年の5月に行く用事ができたおかげで代々木駅に降り立った。さて、用事を終えると13時30分。さあ、お昼を食べよう！
ちなみにＮＥＷ『ポパイ』は以前よりもう少し駅から離れたところにあるらしい。しばら

く歩いていると、おお、見えてきたぞ！　『ポパイ』が！　ランチタイムをとうに過ぎているのに、まだまだ混んでいる。ここは定食（セット）のバリエーションが豊富だと聞いていたけど、さて何にするかな。定食は大体850円みたいだ。特にサービスセットがAとBがあり、Aはヒレカツ、Bはヒレカツとエビフライの組み合わせ。これも双方850円。よし、Bにしようと決めて入店する。厨房向きのカウンターと外（窓）に向いているカウンターがあるので、外に向いているカウンターの端っこに座り、注文。机の上にはマヨネーズ、ソース、醤油と各種の調味料、水を入れたポットがあるなと思っていたら、わりとすぐに「Bセットです」と店員さんが持ってきてくれる。これはいい！　シルバーのお盆がとてもステキ。ヒレカツ2とエビフライ1、キュウリ、ニンジンの入ったキャベツサラダ、味噌汁、ライスという内容。ふと見ると、隣の隣の席のご同輩がツボ漬を容器から自分のご飯にとり分けていた。漬物もあるんだと

移転前は『ポパイ』と薬局『オリーブ堂』が並んでいた

思い、席を立って、ご同輩のところに行き、ツボ漬、そして隣の席にあったふりかけ（のり玉）を拝借。双方いただいた後、元の場所に戻す。ご同輩に会釈。ご同輩も会釈を返してくれる。まさにこれが定食道ですね（笑）。

さてさて続けてカツにソース、サラダにもソース、マヨネーズをもらい、準備完了。まずは味噌汁からいただこう。大根とお揚げの味噌

ヒレカツが２つとエビフライがのった銀のプレートがいい感じです

汁。大根の甘みとお揚げのコクがとてもおいしい。…気持ちが落ち着いたところでカツからガブリ。

衣はザクザク。肉は柔らかいが歯ごたえもあるバランスのいいおいしい肉。アムアム食べる。うまいな。衣に少し焦げたような風味があり、これが香ばしくて実にいい。受け止めるご飯の柔らかさもナイス。続けてツボ漬をポリポリ食べて、エビフライにいってみよう。マヨ＋ソースの合わせ調味料だ。衣はカツ同様にザクザク、エビの身はプリプリの、まさにご機嫌なエビフライ。いやあ、まさに「サラリーマンがランチに食べる洋食」。そのなかでも完成度が高く、最高レベルだなと感動しつつもりもり食べる。ふりかけをかけたところのご飯を単独で食べているとご飯がなくなってきた。…むむむ、お代わりしたいな…。しかし、全体の分量が多いので、お代わりをすると大変なことになりそうなので止めておこう。かくしてご飯を食べ終え、カツを食べ終え、エビフライを食べ終わる（尻尾の方まで身を食べられるように殻を取ってあってそこもエライ）。最後はマヨ＋ソースでキャベツサラダをバリバリ。「…ああ、うまいよ」…と自然に口から言葉が出てくる。今度は3品サービスセット（№1から№18まである）のどれかを食べてみようと思いつつ、最後に水を飲んだのであった。

（2017年5月）

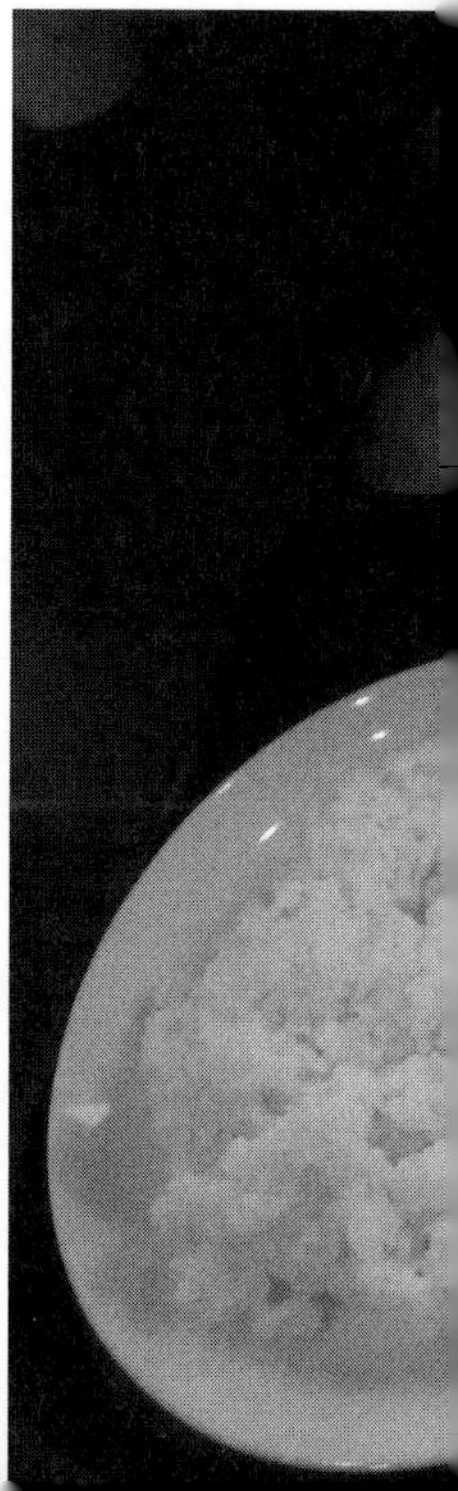

新宿
しんじゅく
新大久保　代々木

アカシア

旨みを閉じ込め、柔らかく煮込まれたキャベツから溢れ出る肉汁!!

月日が経つと、街も変わるが、こちらの行動形態も変わる。新宿は２００８年に副都心線の新宿三丁目駅、２０１６年４月にバスターミナル「バスタ新宿」が出来たりと、この10年で大きく変化しているが、私も新宿の中での動きの流れが変化した。以前は、新宿駅を南口で出て高島屋の中を通って、紀伊國屋書店新宿南口店でふらふらと本を見て、そのまま代々木駅まで歩いてＪＲ山手線に乗るという流れがあった。新宿は人が多いが、この流れで歩くと空間が大きくて、ゆったりとした気持ちになれるし、紀伊國屋新宿南口店もゆったりとした空間で店内も明るく非常に居心地の良い書店だったので（いつも混んでいる新宿本店とはまるで違った雰囲気だった）、わりとお気に入りのコースだった。…そうそう、代々木駅東口にあった『牛丼太郎』で牛丼も良く食べたな。しかし、『牛丼太郎』はその後、看板から「牛」を消して『丼太郎』となったが、その店も２０１５年になくなり、紀伊國屋新宿南口店もまた２０１６年に洋書部門だけを残してなくなってしまった。そのため、自然とこのルートは私の中から消滅した。

その代わりに浮上したルートが、東京メトロ副都心線を新宿三丁目駅で降りて地上に出て（地下のままでも行けるけれども）、新宿通りを歩いて、新宿駅方面に歩く流れである。途中、紀伊國屋新宿本店に寄り、その隣のスーツカンパニーのビルの５〜７階にあるブックオフを眺め、とどめは新宿アルタにあるＨＭＶでＤＶＤを物色するのだった。これが２０１７年現在の私の新宿の流れですね。本当は、ちょっと前までは紀伊國屋そばのＴＳＵＴＡＹＡもコースに入っていたが、ＴＳＵＴＡＹＡの店舗が別のビルに移動して、売り場もとても縮小してしまったのでルートから外れてしまったのだ（これも２０１５年だった）。このＴＳＵＴＡＹＡはレンタルだけでなく、販売もしており、結構良かったんだが…。ちなみに今のルート途中にあるブックオフでは、本も見るけれど、ＤＶＤも物色する。というのも、以前以上に映画のＤＶＤをよく買うようになったからだ。10年前と比べると、映画のＤＶＤも随分と安くなったし（新品も中古も）、種類も豊富になったからね。もっとも、２０１７年現在、ＤＶＤ販売もネット販売が主

流となりつつあるが、このルートは結構DVDも物色できるのです（新品だが紀伊國屋は別館のアドホックでDVDの販売をしていて、ここもよくチェックする）。

と言うことで紀伊國屋書店新宿本店の辺りをふらつくことが多いが、この辺りはいわば〝オールド新宿〟で、定食関係でも結構伝統店が多い。本書を記すにあたって、どの店にしようかと思ったが、温故知新というわけでもないけれど、私の定食本一冊目の『定食バンザイ！』（ちくま文庫）で紹介した老舗の洋食屋『アカシア』に行ってみよう。実は前回訪れたのが2004年なので、なんと13年ぶりである。1986年に上京した頃は恐ろしかった新宿の街も、2004年の頃にはまったく平気になり、2017年現在はむしろなじみ深い街になっている。まあ、その間に私が町田に住むようになり、小田急人にもなったということも、なじみ深くなった要因の一つですね（もっとも小田急はあまり使わずむしろ横浜線人なのだが）。…そうそう、紀伊國屋書店も新宿南口店がなくなり，再び新宿本店に通うようになると苦手だった混雑ぶりも気にならなくなっていましたね。私も上京して30年以上経ったので相当強くなりましたね（笑）。

かくして、平日の14時過ぎに店のあるアルタの裏に行く。おお、相変わらずシブい店構えだ。残念ながらランチは終わってしまったようだが、ここは定番メニューも高くないので別にいいか。入店すると、ランチタイムが終わっているからか、そこそこの混み具合。中央の大きなテーブルに案内される。とりあえず今のところ私1人だ。「混んできたら、相席になるかもしれません」とお姉さんが伝えてくれる。全然かまいませんね。出て

ロールキャベツシチューは「おかず＋汁」の合体ヴァージョン!?　ナイフを使わずともスプーンで割れる柔らかさ!

きた水を飲みつつ何を食べようかしばし熟考。コロッケとロールキャベツのセットもいいけれど、ここはやはりロールキャベツ単独だな。2004年に来たときはロールキャベツ1つだけにしたが、あれから私も年齢を重ね、成熟したわけだから、ロールキャベツ2個のライスセット（ロールキャベツシチュー2貫セット）にしよう。850円。注文してしばしぼんやりする。店内には静かに洋楽がかかり、実に落ち着いた雰囲気。お客さんはお姉さん1人、兄ちゃん1人、私と同じくらいの年齢のカップル1組くらい。2階にはもう少し客がいるようだ。そんな様子を観察していると、ロールキャベツとライスが登場。ロールキャベツは大ぶりなのが2つでボリュームたっぷり。これは定食における汁＋おかずの合体バージョンですね。

まずはスプーンでシチューを。ちょっとゆ

るく、ちょっとしょっぱいこの味。相変わらずおかず力のあるシチューだ。ただ前に食べたときの方がしょっぱかった気がするが、私の味覚の方が変化している可能性もあるからな。すかさずご飯を食べる。炊き立てツヤツヤのいい米！　うまい！　やはり米のレベルが高いこともいいお店の条件の一つだ。

続けてスプーンでロールキャベツを崩す。柔らかく煮込まれていて、中には肉がたっぷり。これはまたおかず力があるので、ご飯をまた食べる。いいねえとバクバク食べ進める。するとシチューの「濃さ」がだんだん強くなってくる。ああ、しょっぱさは蓄積していくのだ。しばらくすると思い出のしょっぱさと同じになった！　よかった。私の感覚も店の味も変わっていなかったのだ。感動しつつ食べ続けて2個目が残り半分になったところでご飯がなくなってしまった。残った半分は単独で楽しみ、最後にシチューを丁寧に飲む。そのころ、店内のBGMは映画「戦場のメリークリスマス」のサウンドトラック「メリー・クリスマス　ミスターローレンス」に。坂本龍一、「教授」だ。そう言えば「教授」は都立新宿高校の出身だったなと思い出した。まさにご当地ソングなわけだと一人で納得しつつ、シチューの最後の一滴を飲んだのであった。

追記…そう言えば前回来たときに次回は「オイル焼き」を食べようと思っていたが、すっかり忘れていた。今度は必ず食べよう。数年以内に（笑）。

（２０１７年４月）

新大久保
しんおおくぼ
高田馬場　新宿

近江屋

玉子と合体し、優しくも力強いパワー秘めた「カツ丼」

一度入ってみたかったのが新大久保の『近江屋』。ここは1899（明治32）年創業という老舗なのだ。今や国際的、アジア的な街となった新大久保だが、その中でトラディショナルなそば屋が駅前にずっとあり続けるのも実にステキですね。ということで、平日の13時20分に入店。ちょうど昼の客が引き始めた頃で、入口近くの4名がけのテーブルに座らせてもらう。この店、開店から17時までに麺類を頼むと＋50円でサービスライスを付けることができる。それも魅力だが、私としては珍しく「カツ丼」（1000円）が食べたくなった。カツ丼は、ご飯の上におかずとしてのカツがのっているので、もう〝定食〟ですね（笑）。さらに椀子そばが温かいのか冷たいのかを付けることができるようなので、冷たいそばをチョ

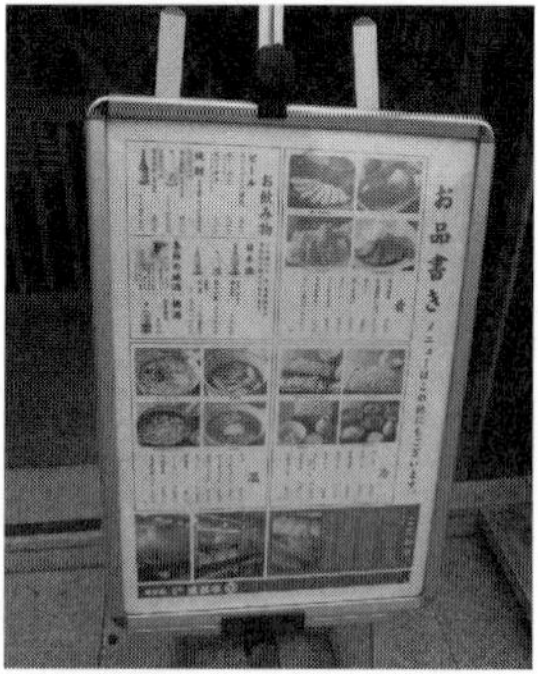

イス。店のご婦人に注文すると、お茶とおしぼりがすぐに出てくる。お茶はそば茶でとても香ばしい。こういうのは、とてもうれしいなと思っていると、隣の席では韓国人らしきマダムがサーフェイスで仕事をしつつ、辛味山菜をつまみに冷酒を飲んでいる。なんとも「今」の新大久保らしいなと思っていると、カツ丼登場。おお、これは豪華！　味噌汁も付いていたので、こりゃ間違いなく定食だな（笑）。

カツ丼と味噌汁の蓋をとり、まずは味噌汁から。ワカメと豆腐が具のシンプルな味噌汁だが、ダシが効いていてとてもおいしい。続けてカツ丼。大きなカツだね。長ネギ、三つ葉が入っている。カツが程よく煮えていて、半熟玉子と合体し、優しくも力強いパワーを感じる。カツを煮ているので優しい口当たりだけど、内側には強烈なカツのパワーを秘めているからね。カツは分厚く、味の濃さもバッチリ。私にとってはカツ丼は、揚げたてカツより、煮込まれたタイプの方が今現在（49歳）はいい。まあ、この後年をとると嗜好が変わるかもしれないけどね。…それにしても米もおいしい。いやあ、これはかなりいいカツ丼だなと思いつつ、大きな沢庵（2切れ）をポリポリ。漬物もしっかり付いているのもうれしいね。

かくしてあっという間に食べ終わり、デザートとして冷たいそばをいただこう。揚げ玉とネギが入っているのがうれしいですね。食べると細麺シコシコタイプ。これもいいそばだ。さすがは老舗。どれもおいしいし、店の人もキビキビと気持ちいい。当然店内の雰囲気もとてもいい。次はぜひともそばをメインに食べに来ようと思いつつ、再びズルズルとそばをすすったのであった。

（2017年6月）

カツ丼を食べ終わってから、デザート代わりに冷たいそばをいただきました

ニュー早苗

高田馬場
たかたのばば
目白　新大久保

学生の胃袋を支え続ける昔ながらの〝ザ・街の洋食屋〟

以前から一度訪れたかったのが、高場馬場の『ニュー早苗』。JR高馬場駅で降りて、早稲田通りを渡ってJRの左側に延びているのが「さかえ通り」。この通りには東京富士大学やら専門学校やらがあるので、学生が多く、実力派の店がいくつもある。この通りを途中で右に曲がって、川を越えると目指す店がある。この通りにも学生がいっぱいいるな。『ニュー早苗』は〝昭和の洋食屋の王道〟『馬場南海』の隣。まあ名店が並んでいるわけです（笑）。

さて、今16時だが、この店は通し営業をやっているのですんなり入店できた。エライですね。入口近くのテーブルに座り、何にしようかと考える。オムライスもいいけど、今日は「日替わりランチ」にしよう。730円。注文して出てきた冷たいお茶を飲みつつしばし待つ。店内ではおっさん3人組が飲み会をやりつつ、テレビドラマをみんなで見ている。時折しゃべりつつ、途中みんなでドラマを見ているという何とも不思議な飲み会。おかみさんが入口を開けてくれたので、外から涼しい風が入ってくる。それにしても、夕方でも「ランチ」をやっているのは実にエライですね。かくして注文したランチが到着。おお、これは滅多に見ないビューだ。ご飯の上に目玉焼きがのっかっている。さらに沢庵も。すごいボリュームだな。竜田揚げは3個もあるよ。さて目玉焼きをどうするか？ 少し悩んだが、目玉焼きの黄身にはソースではなく、醤油をかけ、竜田揚げにはソースをかけて準備が完了。

では味噌汁から。油揚げと三つ葉の具。…これはダシが効いていて、とてもおいしい。もうこれを飲んだだけで、ここがとてつもない実力店だとわかる。続けて少しだけ黄身を崩してご飯と一緒に食べる。黄身がにょほ〜と崩れて炊き立てのご飯と交じり、最高のおいしさに。そしてメインの竜田揚げに移行。これはフリッターに近いな。衣はややカリッとしつつも全体的にはしっとりと柔らかい。塩が振ってあったみたいで、ソースの酸味と混じりあってさらにおいしさがパワーアップしている。キャベツやマカロニサラダなど洋食定番付け

メインのおかずは衣はカリッと全体的にはしっとりと柔らかい竜田揚げ

合わせが付いていてこれまたうれしい。う～む、ご飯をもっと食べたい欲望もあったが、おかずが大変充実しているからいいか。かくしてご飯を食べ終え、最後にシュウマイをパクリ。これは肉々しくてボリューミー。もう大満足だと思いつつ、冷たいお茶を最後に飲んだのであった。

（2016年6月）

追記…NHK BSプレミアム「ニッポンぶらり鉄道旅」で高田馬場の定食屋を紹介してほしいとお願いされ、『一膳』『鳥やす支店』そしてこの『ニュー早苗』を紹介。放映は2017年9月7日でした。皆様には大変お世話になりました。

目白
めじろ
池袋　高田馬場

揚子江

4つの料理から2種類を選べる とってもお得な「今週の定食」

目白駅で山手線を降りる。東京メトロと接続している山手線の駅も多いけれど、ここは完全に独立している。ただし、学習院方面に行くと、都電や東京メトロの雑司ヶ谷駅があるし、反対方向に行くと、西武池袋線の椎名町駅にたどり着けるのだった。で、この椎名町方面に行くと、結構気になるいい店がいくつかある。さて、その中で入ってみたかったのが中華料理の『揚子江』。ここは目白が誇る老舗中華屋だ。学習院大学の教授も贔屓にしている店だと、同大学出身のSさんから聞いていた。これまでなかなかチャンスがなかったけど、食べに来るのが長年の夢だったんだよね。

かくして平日の13時20分に入店。おお、店内は見事に年齢層の高い先輩たちばかり（笑）。つまりご老人たち。それも目白らしく、みなさんとても上品な雰囲気だ。テーブル席は2人以上らしく、私は1人客だったので、中央の大きなテー

ブルに案内される。ここは相席用だ。さて、「今週の定食」というのがあり、4つの料理から2種類を選ぶ模様。へえ。値段は1000円だが、ライス、スープはお代わり自由で、食後にコーヒーも付いているのだった。さて、メニューだが、

①豚肉細切味噌炒め
②エビと春雨、野菜炒め
③イカのフリッター　オーロラソース
④鳥挽肉と豆腐の辛味煮込み

うーむ。どれもいいな。悩むところだが、③と④にしよう。注文すると、店の人がおしぼりとお水を持ってきてくれる。おお、コップにも店のロゴが入っているんだね。一口水を飲んで、しばしお手洗い（2階だった）に行って戻ってくると、ライス、スープ、ザーサイが到着。続けて④、③、デザートの杏仁豆腐もやってきた。こりゃ間

メイン2種類にスープ、デザート＋食後のコーヒーまで付いた抜群のランチ

違いなくご馳走だね。

ではスープからいただこう。かき玉スープ。優しい味で心がとても落ち着く。イイ感じだ。続けて④に。これはまあマーボー豆腐の変形バージョンですね。スプーンですくって食べると、爽やかな辛みが口の中に広がる。淡白な豆腐、鳥挽肉の粒々感でおかず力爆発。おいしいおいしいとご飯を食べ進める。合間にザーサイを食べるとこれもいい味。続けて③。これはとても立派な料理だ。フリッターが3つあるね。ややスパイシーかつまろやかなオーロラソースとおだやかかつクリスピーなフリッターの衣の中に柔らかいイカが入っていて、これはイカ好きの私としてはかなり満足度の高い一品。おかず力もあるけれど、これはなるべく単独で味わいたいので、④を中心にご飯を食べ進める。あ、ご飯がなくなった。「すみません、ご飯お代わりください。多めで！」と店の人にお願いすると、かなりの大盛りで登場（笑）。もりもり食べ進め、最後にイカが1本と半分が残った。つまり半分はおかずとして運用したわけだ。最後はこのイカ、1本半をゆっくり味わい、イカの下に敷いてあった茹でキャベツともやしも食べる。メインの付け合わせの野菜って、メインのおいしさがたいてい乗り移っていておいしいけど、このキャベツともやしもオーロラソースとイカの強い影響を受けているので激しくおいしい。食べ終えて、ああ、満足。……すると様子を見ていた店の人が食器を下げてくれるのと同時にコーヒーをサーブしてくれる。素晴らしいですねと思いつつ、杏仁豆腐を食べ、コーヒーを味わったのであった。……あ、意外とこの組み合わせは悪くはありませんよ（笑）。

（2017年4月）

渋谷「定食」今昔物語①

麺飯食堂なかじま

クリーミーかつパンチのある辛みが絶品の担々麺セット

セットの丼もミニサイズとはいえ、レベルの高い一品でした

渋谷駅のそばで中華系を食べたい。そんな気分になったときに、一度入って見ようと思っていたのが『麺飯食堂なかじま』。チャーハンとラーメンのセットでだいたい900円くらいだ。まあまあの値段だが、訪問時(2011年10月)に期間限定で「担々麺セット」が800円となっていたのでこれを食べようと思い入店する。

夕方、時間は17時だったが、客は結構いる。まずは券売機でチケットを買う。カウンターの隅っこが空いていたのでそこに座り、チケットを渡す。担々麺はオーソドックスな辛さで、セットの丼は「ホイコーロー丼」、「塩味中華丼」も選べるが、今日は「スタミナ焼肉丼」にした。かくして水を飲みつつしばし待つが、カウンターのなかでお兄さんたちが調理している姿がよく見えるな。それにしても、こういった男性的なお店に女性のお客さんが結構見受けられるのも渋谷的かも知れない。そんなことを考えているとセットが登場。おお、こりゃおいしそうな担々麺と丼だな。

さて担々麺にはいろいろのっているけど、ゴマ、ほうれん草、肉みそ、ネギ、メンマなどの姿が見える。とりあえずぐるぐるかき回してからスープを一口飲む。むむむ。担々麺特有のクリーミーかつパンチ力のある辛みが口の中で炸裂。猛烈に食欲がわいてくる。麺は太くて、スープがよくからんでとてもおいしい。こりゃレベル高いぞと思いつつ、スタミナ焼肉丼へ移行。豚肉、ニラ、ニンジンなどをタレで炒めたもので、きっちり作った誠実な味。うまいが、ただ担々麺は白いご飯と食べたほうが良かったかもしれないなあ。そうか、ここに小ライスを追加しても良かったなとも考えたのだった(まあ、そんなには食べられないけどね)。

池袋《いけぶくろ》
大塚　目白

タカセ

玉子で優しくコーティングされたポークピカタはケチャップと絡まって懐かしいおいしさ

土曜の昼前に西武池袋線で池袋駅に到着した。ひばりが丘で朝の用事が終わったのだ。この後、ＪＲ山手線に乗り換えて別のところに行くけれど、ここ池袋で食事をしてから行きたい。しかし、土曜の池袋なんてのはどこも「激混み」だからね。ただ、私も上京して30年以上経っているので、こういう大ターミナルも「泳ぎ方」を随分と体得してきた（笑）。それに池袋はここ最近、新宿や渋谷ほどには急激な変化をしていないからわかりやすい。強いて言うなら、副都心線が通ったことくらいだけど、副都心線の池袋駅はよくわからないのであまり降りないな。…あっ、副都心線はわかりやすくなかった（笑）。まあ、そもそも副都心線に乗っているときは、東横線直通とかで、練馬に行ったりするときだから、最初から池袋で降りる気はないし、昼間によくいる恵比寿から池袋に用事があるときは相変わらずＪＲで来るしね。

…さてさて、話を戻そう。今はまだ11時50分。まだあそこな

ら大丈夫かも知れないなと思って、駅前の『タカセ』に行く。この店はもう私の定番。心の港ですね。1階で売っている持ち帰りのパンも安くておいしいし、上のフロアのレストランもおいしいんだよな。おお、土曜日なのにランチをやっている！　エライぞ！　今日は「ポークピカタと白身魚のフライ」。飲み物付きで820円。3階のレストランに階段で上っていき、店内に入るとまだ空いていた。端っこの2人席に座らせてもらう。隣にはバイオリンケースを抱えた品のよさそうな老夫婦。老舗の洋食屋の風情直球ストライクという感じだ。池袋の駅前にあって、この落ち着き方がとても好きなんだよね。水をもってきたお兄さんに注文。飲み物は外が暑かったので、アイスコーヒーにする。…いや、店内は冷房が効いているのでむしろホットコーヒーのほうがよさそうだと思い、変更。そしてライスとパンを選べるが、ライスにして大盛りにしてもらう（これはサービス）。もっとも、この店はパンを売っているくらいだから、パンも魅力的なんだが、これは定食の本だからね（笑）。かくして、水を飲みつつしばし待つ。店内はやや女性客が多いか。東郷青児の絵がいっぱいかかっているのがまたこの店の雰囲気を高めているな。そんなことを考えていると、ランチが登場。確かにご飯が大盛りでとてもおいしそうだ。

スープというか、ここは「お椀」が付いている。ではまずこれから。ワカメ、豆腐、油揚げ、かき玉のお吸い物で、落ち着く味。ダシがとても効いている。続けてメインに。ポークピカタが2つに、白身魚。これはお箸で食べる洋食ですね。ポークピカタに箸を入れる。すぐに切れるほど柔らかく、食べるとコーティングした玉子の優しさとケチャップに

メインのおかずが２つに野菜＆
マカロニサラダが付いたお得なランチセット
（※写真は別日に撮影）

よって懐かしいおいしさ。いいね。受け止めるホカホカのご飯がまたとてもいい。シアワセだなあ。しかし、パンだとロールパン2個とバターとジャムが付いているのでそれもいいんだよな（まだ言っているよ）。続けて白身魚に。サクッと揚がった大人しい味の白身魚フライ。ソースの力でおかず力上昇。うまいうまいと食べ進める。付け合わせのはサウザンアイランドドレッシングのかかったトマト、キャベツ、キュウリのサラダとマカロニサラダ。これも黙々と食べる。…食べ終えるとかなり満腹になった。食べ終えたことに気がついたお兄さんがやってきて、食器を下げてくれ、続けてコーヒーをもってきてくれる。いやあ、洋食食べた後のコーヒーはたまらんなと、最初はブラックで、後に砂糖とミルクを入れてコーヒータイムをゆっくり楽しんだのであった。

（２０１６年8月）

大塚
おおつか
巣鴨　池袋

キッチンＡＢＣ

お腹いっぱいガッツリ食べたい時に
オススメの庶民派洋食店

大塚駅にやって来た。私は昼間編集業務もしているが、その関係で以前はよくこの街にある印刷会社に出張校正に来ていた。しかしいつの間にやら、校正やデータのやり取りはＰＤＦでのメール送付や共用ストレージでのやり取りとなり、物理的に印刷会社に出かけることはすっかりなくなった。校了日はオフィスで、メールでやり取りをし、打ち出した校正紙の確認をするようになった。まあイケてる会社は画面だけでやるかもしれませんが、やはり紙に打ち出してみないとわかりませんからね。それにしても校了日は大体オフィスからあまり外に出ることもできず、弁当を買ってきて食べつつ、黙々と校正作業をすることが多い。出張校正のときは、校正を戻した後とか修正が入るまで時間が空くこともあり、オフィスじゃなくて「出張」しているので、他にやることもないので、よく昼ご飯の探検に出かけたものだ。

前著『定食ニッポン』で紹介した『せがわ』などはその好例であった。「出張」しなくなったので便利になった一方で、「定食屋探検」という貴重な「余分」を失ってしまったわけで、前述したように文明が進歩すればいいとわけでもないのだった。

…さてさて。今回はイベントが大塚と巣鴨の間の某所で行われるために日曜日の14時過ぎにJR大塚駅に降り立ったわけだ。用事は北口方面だが、まだ時間があるので南口方面をてくてくと歩く。都電荒川線が走っていてとても風情がありますね。春らしい薄曇りの気持ちの良い天気。あ、『キッチンABC』だ！　ここはずっと入りたかった店だけど、なかなかチャンスがなかったんだよね。他にも池袋に2店舗あるよね。店の表にも、商品見本を含めて、いろいろなメニューや定食があるのがよくわかるよ。よし入るぞ！

店内は日曜とはいえランチタイムを大きく過ぎているのにほぼ満員。スゴい。良い店特有の活気に満ちた雰囲気だ。再びメニューを見て何を食べるべきかとても悩む。やはり「豚からし焼肉」がとても気になる。普通だと680円だが（ライス・スープ付）、肉もライスも大盛りにすると800円。お腹と相談し、大盛りに決めた。通りかかったお姉さんに注文して、水を飲みつつぼんやりと待つ。店内

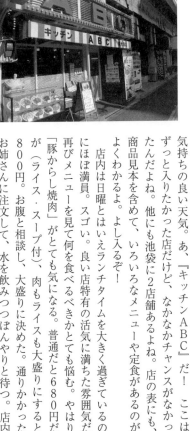

黒胡椒がピリリと効いて、とてもスパイシーに味付けされた豚肉はおかず力満点!

は男子が多いが、私より年上の熟年夫婦や私よりやや年下の女性1人客などもいて、結構バラエティに富んでいる。最近は私が好きなタイプの気安い洋食屋や食堂に女子が増えてきたと実感。店内はBGMはJ−POPで浜崎あゆみや小田和正が流れている。それにしても、他の客が食べている様々な料理もおいしそうだなと思っていると、ライス、豚汁、そしてメインが登場。こりゃご飯もおかずも大盛りで、実にステキ。黒胡椒にまみれた豚肉の薄切りがたっぷり。これはもう見ただけで絶対おいしいと確信。はやる気持ちを抑えつつ、まずは豚汁から。豚肉、ゴボウ、豆腐、ニンジンなど具がたっぷり。野菜と肉の旨みが汁に溶けていて、やや甘めの奥深い味わい。…ああ、これを飲んだ

だけで、ものすごく幸せな気持ちになった。
　続けてからし焼肉。コーンがトッピングされたキャベツサラダにドレッシングをかけてから肉を食べる。薄切り肉は予想通り柔らかく、黒胡椒がピリリとスパイシーで食欲爆発。受け止めるご飯はやや硬めで、量もたっぷりで実にうれしいね。柔らかくておかず力溢れる肉と白米、そしてうまい汁。これはもう男がいつも食べたい食事ですよ、あなた。私は今年50歳だけれど、こんなに大盛りでも全く平気ですね（もちろん食い過ぎですが…）。かくして、もりもり食べていくと、汗が出てきて、なんだか興奮してくる。間違いなく胡椒の薬効で、元気になってきて実にナイスだなと満足しつつ、ご飯と肉を食べ終る。続けて野菜を。ドレッシングもおいしいいし、少しだけコーンがのっているのもポイントが高い。最近（２０１７年4月時点）は牛めしの『松屋』の生野菜にコーンがのらなくなったので少しさみしいんだよな、コーンが少しだけでもあるとテンションが上がるんだけどなと思いつつ野菜も終えて、最後の最後はスパ。このスパの存在が洋定食の醍醐味でもあるよなと思いつつ、するすると細めのスパを食べたのであった。
　…ああ、ステキな日曜の昼下がり。元気ももりもりとわいてきたから、ではイベント会場に行くかなと思いつつ、会計すべく席を立ったのであった。
（２０１７年4月）

巣鴨
すがも
駒込　大塚

中輪手

鉄板の上でジュージューと立てる音が食欲を沸き立たせる!

巣鴨駅で降りて南口に出る。ここは白山通りが後楽園方面までずうっと続いていて、空間も大きくてとても気持ちがいい。この通りをテクテクと都営三田線白山駅方面までよく歩くが、白山通りの巣鴨駅近くにある名店が、鉄板焼の『中輪手』。ここは書店の2階にあって、実に素晴らしい店なのだ。訪れたのは平日の12時20分。さすがにランチタイムど真ん中なので、混んではいたが、たまたま手前のテーブル席が空いたのでそこに座る。今日は何にしようかな。ホタテもおいしいけれど、今日はチキンでいってみよう。ソテーかジンジャーかを選べるので、ジンジャーで。８００円。冷たいお茶を持ってきてくれた店の人に注文。すぐに小松菜のお浸しの小鉢とサラダと2種類のドレッシングがやってくる。ＢＧＭはＴＢＳラジオ。私の隣にはおそらく近くにある東洋大学の学生たちであろう集団がもりもりと食べていて、いい

感じ。そんな様子を見ていると、再び店の人がふりかけ（醤油味の胡麻）、ライス、味噌汁、メインの鉄板をもってきてくれる。いやあ、猛烈においしそうですね。鉄板の上にはチキン、もやし（キャベツ、ニンジンも）、コーンがジュージューと食欲をそそる音を立てている。

　ではまず味噌汁から。具はワカメ、豆腐、ネギだが、くっきりしたダシで、実力あふれる味噌汁。これを飲んだだけでこの店がタダモノではないことがわかる気がする。続けてチキン。食べやすいようにカットしてあるところもうれしいですね。生姜のスパイシーさ、タレの濃厚さ、チキンの肉の確かさでおいしさ爆発。ご飯も程よい柔らかさで抜群においしく、もりもりと食べてしまう。付け合わせのもやしとコーンもうれしいな、私はコーンが好きなので一粒一粒大事に食べる。そして合間にサラダを。今日は醤油ドレッシングで、トマト、キャベツ、レタスでバランスばっちり。バランスという意味では、小松菜のお浸しもステキだ。洋のサラダ、和のお浸しということで、和洋のバランスもちゃんと取れているわけだ。小松菜のお浸しは実家でよく食べていたなと思い出す。…再びご飯に戻って食べているとあっという間になくなってしまったのでお代わりをもらう。そう、この店は

これもよさそうだったが

食べやすいように一口サイズにカットしてくれているところがステキです

お代わりができるのも素晴らしいのだ。店の人に「普通の量でお代わりください」とお願いする。かくして2杯目。チキンはまだ半分残っている。ここで胡麻のふりかけ登場。この店の名物でもある。プチプチ胡麻の香ばしさと醤油味で、これまたご飯がおいしいなあ。あっという間に2杯目も食べ終え、肉も食べ終え、最後にもやしとコーンも残さず食べる。ああ、満足。しかしだ。この満足に蓋をするために食後にコーヒーを飲もう。食後だと通常320円なのが220円になるみたいだし。…ああ、私も贅沢になったもんだと、内心「ふふふ」と笑ったのだった。

（2017年6月）

駒込
こまごめ
田端　巣鴨

珍々亭

駒込に来るとなぜか食べたくなってしまう「回鍋肉定食」!?

駒込駅で降りる。この駅は私の定食研究と修業では大事な駅だ。この駅近くにあった中華料理店で定食を食べたら、サービスで納豆が付いていて驚いたり（私は四国出身なのでそれまで食べたことはなかった）、駅前にも『そば駒』という立ちそばの名店もあった。しかしそれらも今は昔。前著『定食ニッポン』で「納豆との出会い」を記念して、再び納豆付きの回鍋肉定食を食べた『蔵王』は『むつみ屋』という別のラーメン屋に、そして『そば駒』はなくなり、その跡地は『富士そば』になってしまった。

…と言うことで、駒込駅近くで、昔からある店でご飯を食べていこう。どこにしようかなと少し考える。そうだ、『そば駒』もとい『富士そば』の斜め前にある『珍々亭』に入ろう。ここは中華料理店で、定食系も充実しているのだった。何にしようかとすごく迷うが、元気をつけたいので「回鍋肉定食」にしよう（※）。770円。そう決めて店内に入る。祝日の15時30分だが、店内はそれなりに混んでいる。真ん中辺りのテーブルに座る。入口付近にあるテレビがよく見える席だった。サッカーの中継をやっているよ。テーブルにやってきた店のご婦人に注文して、TVを見ながらしばし待つ。店内もクラシックな感じでいい雰囲気。赤いテーブルも中華っぽくてとてもステキだ。それにしても山手線の駅って、かなりメリハリがある。近年激しく変わった駅もあるけれど、駒込駅、特に東京メトロ「駒込駅」と反対側のこの辺りの東口は、本当に変わらなくて気持ちが落ち着く。おそらく生活する街としても住みやすいんだろうなとか思っていると、メインとライス、そしてスープがやってくる。ヤアヤアヤア！これは実にいいね。

まずは机の上のポットから、ザーサイをライスの上に少しだけいただく。つまり、この店はザーサイは食べ放題というわけだ。これはかなりうれしいですね。ではスープからいただく。ワカメ、ネギの醤油スープでキック力のある味わい。醤油味の向こうに旨みがあり、この店の実力の高さがわかる。

続けてメインの回鍋肉に。キャベツ、豚肉、ネギ、もやし、ピーマンも少し入っているな。早速キャベツから。ポリポリ。やや歯ごたえのあるキャベツに油と辛みそがコーティングされている！　いいね。続けて肉も。…当然うまい。肉だけでもうまいけれども、キャベツと交互に食べることで、なおのこと素晴らしいおかず力を発揮してくれる。受け止めるご飯の柔らかさもステキ。…うーむ。祝日の昼下がりに天気の良い外を見つつ食べているというこの状況も、おいしさをさらに上昇させて

いるな。そんなことを思っていたら、表で自転車が停まり、小さなおばさんがニコニコしつつ入ってきた。「こんにちは」とおばさん挨拶。店のご婦人も「あら！ いらっしゃい」と親しげに対応しているので、常連さんなのだろう。おばさんは入口近くに座って、メニューも見ずに「餃子の小とレバニラ炒めね」と注文。「ご飯は控えめにしますか？」と店のご婦人がすかさず聞くと「ええ」と頷く。まさに「阿吽（あうん）」の呼吸。素晴らしいやりとりだと感心。…そうか、餃子（小）は3個で180円だから、手軽に追加できるな、次はぜひ付けようと思いつつ、ザーサイをポリポリ食べたのであった。ああ、ザーサイもうまいよ。

（2017年5月）

※無意識に「回鍋肉定食」を選んでいたが、実は前著『定食ニッポン』でも駒込では「回鍋肉定食」を食べていた。体が覚えていたのだろうか。

キャベツ、ネギ、もやし、ピーマンと野菜もたっぷり摂取できる回鍋肉

八天将

エネルギーチャージできる力強いランチを求めてどんどんお客さんが吸い込まれていく！

ものすごく暑い。8月、夏真っ盛りの平日11時30分。上中里駅で用事が終わり、ＪＲ京浜東北線に乗って隣駅の田端駅で降りる。そう、田端駅は、山手線の駅であると同時に京浜東北線の駅でもあるわけです（この後、品川駅まで）。少し早いけれどここで昼食を食べていこう。それにしても駅の周りはとてもきれいになったね。ＪＲが山手線以外にもいろいろと走っていてなかなか楽しい。ＪＲの大きなオフィス（ＪＲ東日本支社ビル）があるので、田端駅周辺の食堂にはＪＲの制服を着た人がわりといますね。

…さて、この街で何を食べようかなと悩みつつ、東田端の方に歩いていたら、『八天将』という店がランチをやっていた。夜は居酒屋のようだが、昼は力強く定食を提供してくれるみたいだ。それにしても昼前なのに、客が吸い込まれるように店に入っていく。これは間違いないね。他の客に続いて入店する。

店内はとても広く、まだまだ空いていたので、奥の方にある4名席に座らせてもらう。メニューを改めてみると、こりゃ安い。「生姜焼き定食」600円、「マグロ丼」500円、「唐揚げ定食」500円といった感じ。かなり迷うな。「唐揚げ定食」に心が動くが、最近のマイ傾向として、迷うとつい唐揚げに逃げてしまう「くせ」があるので、ちょっと自制。…そうだ、「アジフライ定食」にしよう。定食の中の王道メニューだしね。これも500円。

やってきたお姉さんに注文。ご飯は大盛りサービスなのでそうしてもらう。エライ店だと感心しつつ、机の上の青いコップをとり、ポットから水を汲んで飲む。ああ、冷たくておいしい。何がご馳走かと言えば、暑い日の定食屋のコップに水滴のついた冷たい水ほどおいしいものはないね。2杯目を飲んでいるとき、定食登場。おお、ステキ、アジフライ2つ、目玉焼きにソーセージ、キャベツ、マカロニサラダまで付いている。実にゴージャス。漬物はないけれど、机の上に福神漬けがあったので、それを少しもらおう。

では味噌汁からいただく。ワカメ、ネギ、お麩の具でスタンダードな味。ぬるくも熱くもなく、濃くも薄くもない定食屋の普通の味。うん、これでいいのだ。続けてアジフライ。アジフライは醤油かソースで迷うところだが、1つ目のアジフライはソースと醤油を混ぜようかなと思ったが（私はこの混合スタイルが好き）、この店はマヨネーズも付けてくれたので、事態は複雑化した（笑）。ではまずソース＋醤油バージョンで。衣はやや厚め、アジの身もしっかりと厚くて、とても食べごたえがある。衣もカラッと揚がっているね。とてもいいアジフライだ。しかし、もう少しコクがあるといいかもな。やはりソース＋マヨネーズ＋ほんの少し醤油でいくことに決定。…おお、確かにこれで食べるとおいしさ倍増だとご飯をもりもり食べる。そして目玉焼き。黄身が半熟ならご飯にのっけて玉子かけご飯的に食べるが、今日は黄身が固まっているので純粋に目玉焼きをおかずとして食べよう。これは私はソースだ。…それにしてもご飯が多い。おいしいご飯だけれど、いくらアジフライ2つに目玉焼きまであるとは言え、ちゃんと計画を練らないとおかず不足に陥ってしまうな。あっ、ソーセージもあったんだっけ。これは切れ目が入っていて、とても食べやすいな。食べると、肉々しくて、適度にショッパく、おかず力がある。よかった。後、福神漬けもあるからそれで乗り切ろうとご飯をもりもり食べる。最後は、やはり相当福神漬けに頼る形になり、ご飯をやっと食べ終わり、続けてマカロニサラダを食べて完食。ああ、お腹いっぱいだ。500円で、これほど充実した定食が食べられるとは思わなかったよ。…と、感心していると、いつしか店内はほぼ満員になっていた。工事関係者、サラリーマン（やはりJRの人たちも）、ヤングも、みなさんもりもりとご飯を食べていて、とてもいい雰囲気。ただ、こういう店で、こういう時間に長居しちゃいけません。ササッと席を立ち、会計をして外に出た。

…あ、暑い。というか熱い。しかし今はエネルギーチャージをしたばかりなので全身に力がみなぎっている。よし大丈夫と確信し、ギラギラの猛暑の中、歩き始めたのであった（西日暮里まで歩いちゃったよ）。

追記…この日、東京の気温は37度までいきました。

（2017年8月）

アジフライ2つに目玉焼きが付いてたったの500円。
とてもワンコインとは思えないほどのクオリティ！

はってん食堂

カレー＋サラダ＋イカ刺しのちょっぴり風変わりな組み合わせ

夕方、西日暮里駅に来た。この駅の雰囲気は以前とあんまり変わらないな。２００８年に日暮里・舎人ライナーの駅が近くにできたくらいだ。さて、今日はものすごく忙しくて昼ご飯も食べていない。これからもう一つ用事もあるし、どうしようかな。…そうだ、今日は以前からチャレンジしたかった、『はってん食堂』で食べていくこととしよう。ここは田端駅で紹介した『八天将』の仲間の店ですね。この店は24時間営業の定食屋で、居酒屋としての機能もあるようだ。おっ、入口の案内によると、カレーライスが通常３００円が１９０円らしい。これはかなり魅力的だが、アラカルトで定食を構成する時、カレーライスが参戦すると、ペースがかなり狂ってしまう。「おかず＋ご飯＋汁」の美しい定食フォーメーションが取れないからだ。そんなわけで、カレー専門店ならともかく、定食屋で私はふだんカレーを食べないのにはそんな理由がある。今回もカレ

ーを食べなくてもいいんだが、せっかく店のサービスしてくれるメニューがあるのに、それにソッポを向くのにも、私の「定食道」に反する気がするしな。…と、そんなことを考えつつ、ドアを開けて店内に入る。おお、やはりこの店は自分で好きなおかずをとるアラカルト方式だ。小鉢やおかずがずらりと並んでいるよ。やはり、中心はカレーにしようと決める。カレーに組み合わせるには何がいいか?……。おっ、チルドケースにあるサラダ（150円）が随分とおいしそうなのでこれをもらおう。カレーとサラダ。うん、美しい組み合わせだ。あと何か一品食べよう。カレー、サラダとくれば、後はコロッケとか揚げ物があるとナイスな感じだな。…あっ、イカ刺がある。150円だって。すごく安い。私は強烈なイカ好きだから迷わずチョイス。しかし、カレー+サラダ+イカ刺って、ものすごくヘンな組み合わせだ。人生で食べたことのない構成だが、まあ何事も挑戦ですから（笑）。これでいいや。イカには醤油小皿も付いている。

…続けてメインだな。カウンターでお姉さんに「カレー下さい」とお願いする。お姉さんは「はい」と、ご飯をよそい、ルーをかけて、出来上がったカレーライスを渡してくれる。銀色の細長いお皿にのった結構ボリュームのあるカレー。とても190円とは思えない。そしてお水とお茶を汲んで準備は完了。会計は最後でいいらしいので、奥の席に座っ

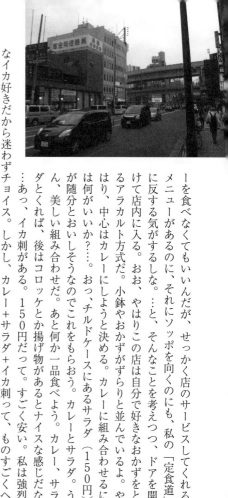

て食べよう。まず、サラダとイカのラップを取る。あ、サラダにドレッシングをかけないとね。再度チルドケースのところに行き、置いてあったノンオイルの青じそドレッシングをかける。その後、席に戻って、小皿に醤油を入れ、ワサビを溶いてさあ食べよう。

　まずはカレーから。肉や野菜などの具はやや小ぶりだ。辛さ、粘度は共に「真ん中レベル」の普通のおいしさ。ご飯もホカホカおいしい。…これ、実にイイ。まさに定食屋のカレーだ。カレー専門店のマニアな味でも、家庭料理の味でもない。そんなにおいし過ぎたり、個性が強い味じゃないから、毎日食べられる定食屋のカレーだね。うーむ、当たりだなと思いつつ、サラダに箸を伸ばす。これがすごくいろいろなものが盛られている。トマト、ツナ、ウインナー、ポテトサラダ、玉子、キュウリ、そしてキャベツ。量もたっぷりとあって、これで「野菜貯金」もバッチリ。定食道の「要」の一つである野菜摂取がすごくできてとてもうれしいな。まあ、もっとも、今回は「汁＋ご飯＋おかず」の図式は若干崩れている。「汁」が拡大解釈でカレー

のルーに当たるからね。
…さてと。今回の「キー」であるイカ刺にチャレンジ。ワカメもたっぷりと添えられている。早速食べると、コリコリ感がとてもおいしい。…食べつつ思い出したが、四国の実家にいた頃は、おかずのもう一つとして、イカ刺はおまけでわりと付いていた。そう考えると、イカ刺＋カレーもそんなにヘンではないかも知れないなと、自分に言い聞かせつつ、ワカメも一緒に食べたのであった。ああうまいよ。
（2017年7月）

追記…食後は温かいお茶で一服。ここかなりいいお店ですね。

カレーは190円とは思えないボリューム。毎日食べられるいい意味で〝普通〟さが◎

日暮里
にっぽり
鶯谷　西日暮里

馬賊

箸で持った途端に感じるズッシリとした重量感！
ご飯のお供にピッタリのボリューム満点餃子

日暮里駅の変化は山手線各駅の中でもかなり激しい。変化しない西日暮里駅とは対照的だよ。日暮里駅前は、にょきにょきと高層マンションが立ち並ぶ街となった。隣の西日暮里からもよく見えますね。ちょうど、東横線の元住吉駅から、武蔵小杉の高層マンション群（私はムサコマンハッタンと呼ぶ）を見るのと似ている。

さて、この街でぜひ食べたいのが『馬賊』。かつて『定食ニッポン』で紹介した『又一順』の隣にあるお店だ。そうだ、前回2007年に訪れたときにはもうこのような街の激変は始まっていたことを思い出したよ。で、今回の『馬賊』は手打ち麺で有名な店。手打ちなのは麺だけではなく、餃子の皮もそうなんですね。ということで、今回取手に行く用事の前に日暮里駅で途中下車して『馬賊』を訪問しよう。そうそう、日暮里は京成線を使用して安価に成田空港に行ける駅であるため、観光客も結構多いし、JR常磐線の駅でもあるので、私も取手、牛久、土浦方

面に行くときは結構な頻度で通過する駅となった（まあ、常磐線は東京メトロで北千住に出て乗り換えることも多いけどね）。かくして『馬賊』の前に立ったのは15時40分。この店は通し営業なのが実にありがたいですね。しかし、この中途半端な時間なのに店内は結構な客の多さで、この店の人気ぶりがよくわかる。席も6～7割埋まっている。私は1人なので、カウンターの隅っこの席に座る。左前方では職人がバンバンと音を響かせつつ、麺を打っていますね。

　では「手打ち餃子」５００円と、ライス２００円を注文。銀色のコップに入った水が出てきたので、それを飲みつつしばし待つことに。季節柄、「冷やし中華」系を食べている人が多いな。「冷やし中華」は９００円、「五目冷やし中華」は１２００円、「馬賊冷やし中華」は１３００円、「韓国冷やし中華」は１５００円だって。冷やし中華に１５００円というのはなかなか勇気がいるな（笑）。でも結構みんな１０００円オーバーの冷やし中華を食べているんだなと思っていると、まず小皿のもやしが出てくる。よしよし。机の上には、ラー油、酢、醤油、胡椒と、中華料理店のベーシックな調味料がある。そんな様子を観察しつつ、私の餃子はいつかと待つ。しかし、他の客の麺類は続々と出ていくが餃子はなかなか出てこない。どうも焼くのに時間がかかるようだ。しかし、いよいよリーチがかかったようで、スープ、ライス、そしてついに餃子登場！　デカい！　そしてツヤツヤ！　なんと立派な餃子だろうか。もう見た瞬間、これは絶対間違いないと確信できる偉容だ。それにしても、単品で餃子とライス注文して、小皿とスープを付けてくれるなんて、この店はとても素晴らしいな

　では酢、醤油、ラー油でタレを作り、準備を完了させて、スープからいただく。ネギだけのシンプルなスープだが、深いコクのある輪郭のはっきりした醤油スープ。ネギのシャリシャリ感も心地よく、これは激しくうまい。ますます期待が高まるなと思いつつ、餃子に。箸で持った途端に感じるズッシリとした重量感。タレをつけて食べると、皮は表面はカリカリ、そして内側はもちもち。全体的には小麦粉の素朴なおいしさ全開。中の具も皮のおいしさを引き立てる絶妙のバランス。何だか、無性にご飯が食べたくなってすかさず頬張る。…私、餃子をおかずにするのは、未だにそんなに得意ではないけど（※）、この餃子はおかずとしてもスゴクいい。ご飯ももりもり食べられるな。さらに、餃子以外にもやしがおかずとしての力を発揮してくれる。このもやしは辛味和えなので、おかず力があるのです。そしてこのスープの完成度。ご飯を食べている途中で、ふと

手打ちしているという餃子の皮は小麦粉の素朴なおいしさ全開!
独特のもっちり感は病み付きになるおいしさ

スープに戻りたくなる吸引力がある。

…全体的にちょっとボリューム不足かなと思ったが、いやいや餃子のボリュームがかなりあるので、これはお腹もいっぱいになりますよ。かくして、餃子2個半でご飯を食べおえ、もやしも食べ終え、スープも飲み干す。そして最後に残しておいた2個半の餃子を愛おしく、そしてゆっくりと時間をかけて堪能したのであった。

（2017年8月）

※私は、餃子はおかずでなく、独立した食べ物とする家庭で育ったため。詳しくは拙著『餃子バンザイ!』（本の雑誌社）を読んでください。

鶯谷
うぐいすだに
上野　日暮里

信濃路

柔らかな玉子と歯ごたえのあるニラで元気百倍!!

山手線の駅の中でも、鶯谷は滅多に降りない駅だ。時折、日暮里からフラフラと歩いて到着することがあるくらいか。または、この鶯谷には、『鍵屋』という有名な居酒屋があり、居酒屋マニアの先輩に何度か連れてきてもらったことがあった程度か。ただ、実は鶯谷の駅前に以前からとても気になる食堂があったので、この際訪れてみることとしよう。

今日は梅雨の半ばでよく晴れているな。南口にあると思ってそちらから出たが、実は反対側だった。仕方がないのでテクテク歩く。相変わらずラブホテルばかり。私の前をヤングなカップルが歩いているが、「(ホテルで) 映画とか見られるほうがいいよね～」とか話しつつ歩いていて、ひたすら明るい雰囲気。天気が良いせいもあってか、禁断ぽい感じはまるでしなくて、なんだかカラリとした感じですね (笑)。まあいいか。そんなことを感じつつ北口に到着。目指していた『信濃路』に到着。ここだ、ここ。いざ入店。14時30分という中途半端な時間にも関わらず、店内には楽しそうに宴会をやっている人生の諸先輩たちの姿が（笑）。いいな。かなり大きな店だが、とりあえず、入口近くの風通しの良いカウンターに着席。実は今日は食べたいものが決まっている。それは「ニラ玉」。家でも簡単に作ることができるけれど、外で食べるとおいしいシリーズですね。膨大なメニューが貼られているけれど、ちゃんとありましたよ。400円。これに定食セット270円を足す。合計670円。カウンター内のお兄さんに注文。セルフの水を汲んで飲む。プハー！　冷たくておいしい。もう一杯飲もうと水を再び汲んで飲んでいると、定食登場。これはまたシンプルなニラ玉。想像していたようなニラ玉だ。これだこれ。里芋、こんにゃく、鶏肉の煮物、漬物（さくら大根）も付いている。

ではまず味噌汁から。ワカメ、ネギ、豆腐のオーソドックスな一品。味付けはやや濃い目だが、これはこれでおいしい。続けてニラ玉。そのまま食べると、半熟玉子にニラがたっぷり。味がやや薄いね。醤油をダラッとかけて食べる。うむ、おかず力アップ。柔らかな玉子と穏やかな歯ごたえのあるニラで、健やかな元気が出てくる。ご飯と一緒に食べる

と実にナイス。こういう簡単料理を家の外で食べることは、あんまり女子には理解できないようだけれど、自分で作ったり家で食べるのとは微妙に味が違うところにも価値があるんだよね（当然、家より店は技術が上なのでうまいし）。途中煮物も食べる。おっ、ちゃんと温まっているのがうれしいですね。やや濃い目の味付けで、輪郭がくっきりしていておいしい。小鉢がいかにちゃんとしているかで、店の誠実さがわかるけれど、この店は間違いなくいい店だなと思いつつ、さくら大根をバリバリ食べたのであった。

…ちなみに、ニラ玉は結構ボリュームがあり、完食後にはお腹がいっぱいになりました。大満足。

（2017年6月）

醤油をダラッとかけると、あら不思議、とたんにおかず力アップ！

鶏陣

皮はパリッ、肉は噛みしめるとうまさが広がる見た目も美しい「鶏照り焼き丼」

上野に来た。相変わらず、ここはあまり得意な街ではないけれども、前よりはいささかマシになってきた。これは何回か記しているけど、私は前世で上野で死んだような「記憶」があり（そういう夢を中高時代に見ていた）、それもあって上野はとても苦手だった。その記憶は、20前後の苦学生だかで、病気か何かで未練を残して死んでいるわけですね。ただ、今の私は立派なおっさん年齢で、かつての享年を通り過ぎているわけだから、苦手意識が薄らいできたというのもあるでしょう。さらに1986年に上京してもう関東（東京・横浜）に31年もいるわけだから、そりゃ苦手な街もなくなるというのもありますね。

さて、やって来たのはゴールデンウイークの真っ盛りの昼間。そりゃ人もいるわな（笑）。最初は『じゅらく』に行こうかと思ったが、当然のように激混み。そのままアメ横に流れ込んだが、「ここだ！」と思えるような閃く店もなくて、気がつくと松坂屋の前にいた。ここはむしろ御徒町が近いんだが、何しろ松坂屋「上野店」だからね（笑）。上のフロア

のレストランにしようかとも思ったが、ここは地下に丼を食べられるステキなイートインがあるのでそちらに行ってみよう（『上松丼亭』とのこと）。

階段を下りて、食品売り場の中を抜けて、店の前に達すると、よしよし数人しか並んでいない。イートインは、客は食べたらさっさと店を出ていくので回転が速いのもいいよね。

さて、ここは『丼泉』、『今半』、『鶏陣』の3店の丼から選べる。悩むな。『今半』の牛丼1000円かとても迷ったが、これまで食べたことのない『鶏陣』の「鶏照り焼き丼」920円にしよう。うふふ。まずはウェイティングシートに座って数分待つとすぐに案内される。この店は食券なのだが、席が確定してからチケットを買うのだ。機械にお金を入れてチケットを入手し、奥のカウンター席に座る。右は上品な老婦人、左は熟年夫婦。席間はわりとゆったりできつい感じはないな。出てきた冷たいお茶を飲むととてもおいしい。思わずお代わりをもらう。お代わりと同時に私の丼登場。これはとても立派な丼！　汁も漬物も付いて、米の上におかずがのっているので、これもある意味「定食」です（笑）。

ではまずは味噌汁の蓋を取り一口いただく。ふわっとした磯の香。アオサ、豆腐、ネギの誠実な味。いいね。続けて丼。美しい鶏の照り焼き、刻んだシソの葉、シイタケ、シシトウ、

甘さ控えめの上品なタレが米のうまみを引き立てています

白髪ネギとバラエティに富んでいる。シソとネギは混ぜよう。…やや混ぜて、鶏肉とご飯を。あ。皮はパリッ、肉は噛みしめると口の中にうまさが広がるタイプ。さらにさっぱりしたシソの葉とネギのシャキシャキも味のステキさを引き立てている。ややあっさりしたタレは、上品に甘く、ご飯にサラリとかかっていて、米のうまみを引き立てている。これはかなりおいしい食べ物だ。ちょっと感動する。シイタケもしっとり汁気を含んでいて、食べていると「滋養」を摂取している実感がわくなあ。シシトウも丁寧にあぶっているね。いやあ、これ920円はむしろ安いんじゃないかと思いつつ、柴漬けをポリポリと食べたのであった。

（2017年5月）

御徒町
おかちまち
秋葉原　上野

御徒町小町食堂

自分好みのおかずをチョイス！お好み定食セット完成!!

御徒町は山手線の駅の中でもかなりよく行く駅だ。「秋葉原」のところでも触れるけれど、たいてい、御茶ノ水〜秋葉原と歩いてきて、中央通りを東京メトロ末広町駅で蔵前橋通りに右折し、ＪＲのガードをくぐって、昭和通りに出て、高速高架下をテクテクと御徒町方面に歩いていくのだった。まあ大体多慶屋でいろいろと食材の買い物をして、ようやくＪＲ山手線か東京メトロに乗るわけなのだ。食事スポットもいいところがいくつもあるが、中でも名店だったのが『御徒町食堂』。ここはＪＲのガード下にあって、前著『定食ニッポン』でも紹介した店だ。残念ながら現在はこの店はない。２０１３年12月にＪＲの耐震補強工事のために、65年の歴史を閉じてしまったのだった。私が最後に同店を訪れたのは、２０１１年の3月9日。確か毎日新聞の記者とともに取材をした。記事は3月後半に掲載される予定だったが、２日後の3月11日に例の大地震となり、掲載は吹っ飛んだのであった。あの時はそんな天変地異がすぐ起きるなんて想像もつかなかったよ。さて、その取材

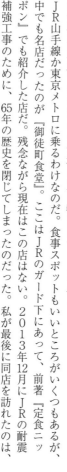

の際に「そういえば、『御徒町小町食堂』というのも最近ありますね？」と私がご主人に伺うと、ご主人苦笑いしつつ「ねえ！」と言って笑いあったのも覚えている。その後、『御徒町小町食堂』の前を通っても、義理立てもあって店に入ることはなかった。それは『御徒町食堂』がなくなった後もそうだった。

しかし、やはり気になる。店の前を通ると、ガラス越しにいつも人が入っているのがよくわかるし、なんだかいい店のオーラも漂っている。と言うことで、本書をまとめるにあたり、そして『御徒町食堂』がなくなって3年経過しているので（何の根拠かよくわからんけれども〈笑〉）、そろそろ入ってみることにした。かくして4月の日曜日の昼下がり、同店を訪れる。ちなみに、場所は昭和通り。前述したように私がアキバから御徒町に行く途中に位置する。店内に入ると、ここは注文して持ってきてもらう『御徒町食堂』とは異なり、セルフ型で食べたいものをカウンターから取るシステムのようだ。店内は半分くらい席は埋まっているね。まずはカバンを窓際の席に置く。何にするか。まず目に入ってきたのが「揚げ出し豆腐」。210円。私はこれが好きなのでまずはチョイス。続けて目に入ったのが「鶏肉と蓮根の甘辛煮」。これも210円。おかず力が高そうなので、これも取る。「玉子焼き」200円もちょっと気になったが、今日はいいか。たいていセルフ式は取りすぎて予算オーバーとなることが多いので、少ないくらいがちょうどいいのだ。そのままカウンターを進んで、ご飯を選ぶ。大だな。200円。味噌汁80円もいただこう。続けて別のおばさんがおかずのラップを取って電子レンジで温めてくれる。温めている間に、「ここは何年目ですか?」と聞くと「8年目に入ったよ」とのこと。「私はかつてあった『御徒町食堂』によく行ってたんですよ」と言うと、「同じようなことはよく他のお客さんからも聞きますよ」とのこと。そうか。やはり『御徒町食堂』の「残像」はあるんだな、でも最近この街に来た人はあんまり関係ない話だよなとか思っていると、温まったようなので、お盆を持って、席に行く。テーブルの上には、お茶のポット、冷水、ソース、醤油、七味、そしてゴマ塩、ふりかけもあるんだね。

まずは味噌汁から。ワカメ、ネギ、油揚げの具で普通の味。最初、ちょっと濃いかなと感じたけど、いたって普通のおいしさ。実はこれがとてもタダシイ。食堂の味噌汁はそんなに出しゃばらず普通の味を保ち、他のおかずを盛り立てるくらいの控えめなおいしさも大事なポイントなのだ。

では揚げ出し豆腐にいってみよう。ネギと生姜がのっていて、食べるとホカホカ。淡白な豆腐を油で揚げることによって、ボリューム感と共におかず力もUPさせた感じですね。おかずを受け止めるご飯はやや硬め。まあでもおいしい。最近のチェーン系の定食屋などはご飯がものすごくおいしくなっていて、知らず知らず自分の水準も上がってしまっているのだった。ただ、ここのご飯は量もたくさんあって食べていると幸せになってくるよ。

ではもう一つのおかず、鶏肉と蓮根の甘辛煮。蓮根はシャキシャキ、鶏肉はしっかり肉々しく、ピリッと辛味も効いていて、実においしい。…と食べてくると、今回チョイスした定食の総合力は「6：4」か「7：3」でおいしい方が勝っている。このくらいの満足感だと、しばらくするとまた来たくなるものだ。それにこれ全体で650円というのも良かった（税込みだった）。かくして食べ終え、お茶をゆっくりいただき、会計を済ませて外に出た（ここは後会計なのです）。

…するとびっくり。体全体をひたひたと覆う満足感。静かな元気がわいてくる。これは実はとてもいい店だなと思いつつ、御徒町方面（具体的には『多慶屋』を目指したんですけど）に向かって歩き始めたのであった。

（2017年4月）

セルフ方式だとついつい取りすぎて予算オーバーしてしまうので要注意

渋谷
「定食」
今昔物語②

蓬莱亭（東急プラザ店）

さようなら東急プラザ　さようなら『蓬莱亭』

ちょっと小腹が空いてるときにとても
ありがたいリーズナブルな"ミニ定食"

15時くらいに渋谷で用事が終わった。いやあ、お腹が空いた。こういう中途半端な時間は東急プラザの９階に行こう（ちょっと明治通りから離れるけどね）。ここにもとんかつの『蓬莱亭』があるのだ。定食の値段は様々だが、ミニ定食というのがあり、「男爵コロッケ定食」ならばとても安くて680円。よし、これにしようと入店。さすがにこの時間は空いているな。注文後出てきたお茶を飲みつつしばし待つ。ああ、のんびりした時間でとてもいい。かくして定食登場。店の人に「お代わりはできるのでしょうか?」と一応聞くと、味噌汁、キャベツ、ご飯はお代わりできるそうだ。

ではまず味噌汁から。これはニンジン、ゴボウ、ネギ、豚の入った豚汁。豚とゴボウのダシが出ていてものすごくおいしい。空きっ腹に染み渡るな。続けてコロッケにソースをかけて食べる。おお、サクサク衣！　食べるとじゃがいものホッコリ感が素晴らしく、おかず力が高い。ただし今日はミニ定食のためコロッケは1つ（２個なら950円の定食となる）なので、うまく運用しないとと思いつつキュウリ、ニンジン、大根、キャベツなどのお新香を食べてご飯を平らげる。キャベツもおいしくて残さず食べてしまったので、店の人にキャベツとご飯、そしてお水を持ってきてもらい、完食。ああ、おいしかったと席を立ち、会計をしようとするとレジの前に貼紙があった。なんだろうと見てみると閉店のお知らせが!　なんとこの東急プラザ店は2013年11月27日で閉店してしまうのだった！　さらに本店も12月30日で閉店とのこと。ガーン。「本当に辞めちゃうのですか?」とレジで店の人に言うと、悲しそうにほほ笑みつつ頷いたのであった。

うーむ、悲しいよ。

追記…東急プラザより一足先に『蓬莱亭』は閉店したのだった。

うおや一丁

クリスピーに揚がった唐揚げは ホカホカご飯にピッタリ!!

秋葉原
あきはばら
神田　御徒町

私のお気に入りの散歩ルートの一つが御茶ノ水駅を聖橋口で出て、ＪＲの線路に沿ってホテル聚楽の坂道をゆっくり下り、ガードをくぐって昌平橋を渡って秋葉原にたどり着くルートだ（さらに御徒町まで歩くのは、「御徒町」のところで触れた通り）。何かとアキバは買い物があるからね。一時期はＤＶＤソフトをよく買っていたが、最近は中古ＤＶＤの店も以前ほどは多くはないことと、最近はむしろネットで買うか、ＴＳＵＴＡＹＡのレンタル落ちを買う方が安かったりするので（「大崎駅」のところ参照）、あまりそちら方面は買わない。むしろ購入するようになったのは、ＳＤカードなどの記憶媒体、もしくはスマホ関連のグッズか。これらはかなり安い店が多く、アキバに来た甲斐があるのだった。まあ、機械に関連する部品を買うという意味では、タダシイアキバの使用方法なのかもしれませんね。…ということで、時代によって購入するものが変わっていくわけだが、一方あまり変わらないのは食事情。隣の御茶ノ水、そのまた隣の水道橋は豊穣な食文化を抱えているが、ここアキバは良い店の数はそれほど多くはない。もっとも、素晴らしい店もあるにはあるのだが、全体としてはチェーン店が勝っている気がする。さらに言うと、この街に来ると、なんだか食欲よりも物欲が勝ってしまうのだろうか、結局食事をしないで帰ることがよくある。そもそもたいていの場合、ここにたどり着く前に御茶ノ水や神保町辺りですでに食事をしてしまっていることが多い。なぜなら、神保町だと「古本買ってカレー食べる」とか、「本を買って洋食屋に入る」などと物欲と食欲が強烈にセットになっているからですね。…今書いていて気がついたが、そもそも秋葉原駅で下車するということが最近ほとんどないからというのもあるな（まあ、私個人のケースだが）。JR秋葉原駅と、最も栄えている地域がややずれているのもあるだろう。今はJR秋葉原駅近辺より東京メトロの末広町駅辺りが最もアキバっぽい気がするんですね。

…さてさて。そうは言うものの、この街で食べることもあるわけだ。今回はチェーン店、それもビルの中に入っている『うおや一丁』に入ってみよう。店は3階にあるのでエレベータに乗って到着。こりゃかなりの「大箱」だ。サラリーマンをはじめ、なぜか修学旅行生たちがわいわいとご飯を食べている。自由行動中なのだろうか。私は昼間、代官山に近いところにいるが、

そこでも彼らによく会うな。まあ、それはともかく、私は禁煙ゾーンの座敷席に行く。座ってメニューを眺める。「ザンギ定食」が650円。これだな。ザンギとは北海道における唐揚げのことだが、最近は首都圏でも随分と知名度が上がってきた。この『うおや一丁』は札幌発祥の店だからね。ちなみに私の故郷、四国・今治では唐揚げを「せんざんき」と呼ぶ。由来は、中国語から来ているとか「千斬切」とかいろいろあるが本当のところはよくわからない。ただ、今治の「せんざんき」は骨付きで生姜味がやや強いのが特徴かもしれない。さて話を戻してと。ちなみに今日の日替わり定食は700円で「牛肉のスタミナ焼き」だった。まあそれもよかったけどね。かくして店の人に注文。この店はなんとランチにはフリードリンクが付いているので（コーヒー、お茶関係だが）、早速アイスコーヒーをもらいに行く。飲み物付きで650円は安いな。どうりでサラリーマンたちで賑わっているわけだ。今は13時30分とランチ時間を過ぎているのに、結構な混雑ぶりなのだった。

さて、アイスコーヒーをいただいていると、定食登場。ちゃんと小鉢（青菜ともやしの和え物）が付いていてエライ。ではまずは味噌汁から。ネギ、油揚げが具の若干薄めの味噌汁。これで気持ちを落ち着けて、唐揚げにマヨネーズを付けつつ食べる。醤油と生姜でしっかりと味付けされ、クリスピーに揚がった唐揚げとホカホカのご飯の組み合わせは最高ですね。マヨネーズもいい仕事をしてくれる。うん、唐揚げはよく揚がっているし、ご飯の炊き方も柔らかめでとてもよい。米とおかずがおいしければ、もう何も言うことはないなと、ご飯を3杯も食べた挙句に、食後にはホットコーヒーを楽しんだのであった。…うーむ、これはやや食べ過ぎでした（笑）。フリードリンク、さらにご飯もお代わりできる素晴らしすぎる店なのでついつい欲張ってしまいました。

（2016年6月）

「ザンギ」はあらかじめ醤油や生姜にんにくなどに漬け込んだ肉を揚げているので味がしっかりしているのが特徴

神田
かんだ
東京　秋葉原

三州屋

ご飯がみるみる減っていく
甘く煮付けた尾頭付きの立派ないわし定食

土曜日、神田にやって来た。この街でぜひとも行きたかったのが『三州屋』。ここの定食がとても食べたかったのだ。神田本店と駅前店があるけれど、本店は休みだったので、駅前店に行く。神田は言うまでもなく、サラリーマン天下の街だが、土曜日のため当然勤め人の姿は少ないな。店に到着。…これはなんともカッコいい風情ある店構えですね。暖簾に力があるな。店の外にちゃんと定食メニューが記されているのでわかりやすくていいね。

かくして引き戸を引いて開けると、もうそこはおっさんパラダイス。中央にコの字型のカウンターがあり、周りに小上がりがある。よし、今日は魚系を食べよう。何にしようか。まあとりあえず座ろうとカウンターの端っこに着席。…さらに少し悩んだ挙句、「いわしの煮付定食」に決めた。850円。刺身メニューより煮魚の方が希少価値があるからな。特にいわしの煮付なんて、四国の実家にいるときはよく食べたけれど、上京してからはあんまり食べなくなったからね。割烹着姿のご婦人に注文。ああ、それにしても割烹着って

ステキですね。「ごはんの量は？」と聞かれたので、思わず「大盛り！」と応えたので、ご婦人ややギクッとする。…そうか、ここは人生の諸先輩方が米より酒を飲むケースが多いからだなと、周りを見渡して納得する（大盛りは＋50円でした）。この後用事があるからということもあるけれど、私は酒より米の方がいいからね。飲まないとわかったので、ご婦人はすぐにお茶（緑茶）を出してくれる。続けて白菜のお新香登場。ちなみに私の隣に座っている先輩は、とてもご機嫌なご様子。飲んだメとしてか、味噌汁でご飯を流し込むようにするするすると食べていて、とてもカッコイイね。ちなみに、エビスの大瓶６８０円、ビール大瓶６１０円、小瓶４２０円と、酒も安い。一品料理では「ぬた」５２０円、「なす漬」２７０円なんてのもオツだな。メニューを見つつそんなことを考えていると、隣の先輩は食べ終わったみたいで、会計をしている。「２６００円。安いよね～」とご婦人と楽しそうに会話。ややふらふらと席を立った先輩に、「明日は休みだからね」とご婦人が呼び掛けていて、間合いが実にいいなと感心していると、別のご婦人が私の定食を持ってきてくれた。…こりゃスゴイ。尾頭付きでツインだよ。おまけにご飯は本当に大盛りだ（笑）。とてもうれしいなとお椀の蓋を取る。大きな薄く切った豆腐と三つ葉。早速いただくと、これが絶妙の濃さの赤だし。うまい！　このおいしさのポイントの一

つに味噌汁のお椀の角度が浅めだというのがあるね。私は味噌椀の角度は浅めの方がするすると飲みやすいし、冷めやすいので好きだ。角度が深めでたっぷり入ったパターンは、具沢山、例えば豚汁などだったらうれしいけどね。…さて、具として入っている薄い大きな豆腐。こういう切り方は初めて出会う。オリジナリティがとても高い。…我慢できずに一つ食べてみると、とても柔らかい絹ごし豆腐。これは飲んだ後にスルスルと喉から胃に落ちていくパターンだな。隣の先輩が流し込むように味噌汁を飲んでいたわけが分かったよ。ちなみに先輩は最後は味噌汁をご飯にかけて「猫めし」にして食べていたなあ。私は汁かけご飯は絶対イヤだ（笑）。

ではいよいよいわしに。それにしてもこんなに大きいのが2尾も出てくるとは思わなかったよ。まずは1尾目の真ん中のところにお箸を入れて一口食べる。…これは！　甘くてなおかつ醤油味が強いまさに東京の煮魚の味。四国の実家で食べていたいわしの煮付はこんなに甘くなかったけれど、これはこれでとてもおいしい。というよりも上京して２０１７年で32年目。もう、身体の全細胞はすべて入れ替わり「東京製」になっているので（笑）、これをとてもおいしく感じる自分がいる。やや硬めに炊かれた米もうまい。もりもり食べちゃう。何よりも「米」がいっぱいあって、私はとてもうれしい。

そして漬物！　白菜の漬物がこれまたたっぷり。ちょいと醤油を垂らしてあるところもニクいですね。米、汁、魚、菜っ葉の漬物。私の食べたいものがすべてここに集結しているわけだと思いつつ、ゴーッと食べて完食。超満足。会計の際にご婦人に「いやあ、こんなにおいしいいわしは、とても久しぶりです」と感動しつつ言うと、「おいしいわよねえ。いわし！」とほほ笑んでくれたのであった。よしまた来るぞ！

（2017年4月）

注記…先輩たちの社交場でもあるのでややタバコの煙は漂っています（私は気にならなかったが）。

上京して30年以上経ち、すっかり甘じょっぱい煮魚も
受け入れられるようになりました

東京
とうきょう
有楽町　神田

Indian Curry

時折無性に食べたくなってしまう「インディアンカレー」

東京駅に来た。実は東京駅は八重洲側も丸の内側もステキな定食スポットだが、今回は丸の内の方で食べたいところがある。それは「インディアンカレー」だ。大阪からやって来たインディアンカレーが、ここ東京駅で食べることができるのだ。私は定食好きであり、そんなにカレーにこだわりがあるわけじゃないけれど、インディアンカレーは時折猛烈に食べたくなってしまう。ちなみにお店は、丸の内の地下街にある。今日は実は日曜日で、なんだか街は華やいでみえる。地上のオープンテラスの店では、ご飯を食べたりワインを飲んだりしている人々の姿が見られる。この20年くらいの間に、こうい

うオープンテラスの店はずいぶんと増えた。ワインをカッコつけてではなく、本当においしく飲む人も増えたように思う。かくして、ＴＯＫＩＡビルの地下1階に行く。ここもオサレな雰囲気。ここにインディアンカレーの店はある。スパゲティも食べたいが、やはりライスだよなと心に決めて、入店（そもそも「ライス」がないと、定食の必要最小条件「米」を満たさず、本書にふさわしくなくなりますからね）。日曜の15時という時間だが、店内はそこそこ混んでいる。結構女子が1人で食べている。…そうそう、これまたここ20年くらいの変化だけれど、あらゆる店で女子が1人で普通に食べる姿を見るようになった。社会は確実に変化しているな。特にビジネス街の女子は力強くてどこにでもいるよ、本当に（笑）。そんな彼女たちは結構カッコよかったりする。

さてさて、カウンターの空いている席に座り、お兄さんに「インディアンカレー」を注文。すかさず、ピクルスが出てきて、カウンターの中で、お兄さんがご飯を盛り付け、レードルをさらりとかけて、目の前に登場。おお、相変わらず美しい。角切り肉が、まるでシンボルのようにご飯の上にデンと1つのっている。まずはスープ代わりに氷入りの水を飲んで、スプーンを取ってカレーをパクリ。うまい。甘くてとても辛い。「甘み」「辛み」が合体して、「後を引

「甘み」と「辛み」が融合して、「後を引くうまみ」と「深み」を感じさせてくれる

くうまみ」「深み」を呼んでいるのだ。やはりものすごくおいしいなあ。スプーンがもう勝手にリズミカルに動いていくよ。米も実にいい炊き加減なんだよな。ピクルスも食べよう。キャベツの甘酢漬で、これがいいリフレッシュ効果を生み、再び新鮮な気持ちで「甘い」「辛い」「うまい」に行くことができるのだった。氷水を頻繁に継ぎ足してくれるのもありがたい。

…かくして、ほとんど食べ終えた最後に、角切り肉をパクリと食べ（これが「定食」の「おかず」にあたるか）、有終の美を飾ったのだった。

（2017年4月）

有楽町
ゆうらくちょう
新橋　東京

いわさき

地元に深く愛されている由緒正しきシブい定食屋

山手線の駅の中では有楽町駅は頻繁に来るわけではない。「駅」には来ないが、イベントがあったり、パーティがあったりするので、この「近辺」にはよく来る。さらに、日比谷線を日比谷駅でしばしば乗り換えているので、その意味でもこの近辺はなじみ深い場所だ。そんな日比谷駅と有楽町駅のそばにあるのが『いわさき』。ここは実にナイスな定食スポットなのだ。実にシブい定食屋。きらびやかで、変化の激しい有楽町界隈でこのような定食的にカッコいい店があることはまさに奇跡だ。まあ、それはともかく、今回はその『いわさき』でご飯を食べて行こう。

13時に入店すると、ピークは越えたみたいで、先客は2人だけ。カウンターとテーブル席があるが、テーブル席が空いていたので座らせてもらう。さて何にしようかな？　少し迷うな。メニューを見ていると魚系から肉系までいろいろある。「さば塩定食」800円や「豚生姜焼き定食」800円もいいけれど、ここは「メンチカツ定食」600円だな。それにしても安いね。おかみさんに注文すると、すぐに大きなお

昭和の香りが漂う店構え。
それもそのはず創業は大正年間!!

茶と切干大根とキュウリの漬物が出てくる。それにしても、店内はいい雰囲気だ。昔の店の写真も飾ってあり、ここはとても由緒正しい定食屋というか食堂ということがわかる。ちなみに後でおかみさんに伺ったら、なんと今の店主が3代目だそうだ（どうやら大正年間の創業らしい）。スゴイね。

　さて、私が入店したときはそんなに混んでいなかったが、私の後は切れ目なく客が入ってくる。その多くは近所のサラリーマンたちのようで、地元に深く愛されているのがひしひしと伝わってくる。そりゃ、こういう普通の定食屋は、サラリーマンにはとても貴重だからねと思っていると、どうやらメンチができたようで、おかみさんがご飯をよそってまず運んできてくれ、続けてオヤッさんがメンチと味噌汁を持ってきてくれて定食が完成した。うーむ、美しい配置。形のスバらしいメンチ、緑のキャベツ、黄色い辛子、白いお皿、白いご飯、そしてほどよく薄茶色の味噌汁。まさに「THE 定食」という感じで、「定食の様式美」をビンビンに感じるよなあ。

　ではまずは味噌汁から。ワカメと三つ葉、そして面白いことに揚げ玉（天かす）が入っている。この揚げ玉からいいコクが出ていて、こりゃおいしい。揚げ玉入りのそばやうどんがおいしいように、味噌汁もおいしいんだね。今度家でも味噌汁に揚げ玉入れてみよう。

さて、続けてメンチカツに。薄い揚げ色だね。まずはソースをドバっとかけてと。左から二切れ目をパクリ。中身はなめらか系肉。こんなになめらかな肉のメンチは初めて食べたよ。コロッケとメンチの中間的な味わいだ。ご飯はこれまた柔らかく炊けていておいしい。いやあ、ご飯がおいしいとテンションが上がるなあ（笑）。ついついもりもり食べちゃうよ。切り干し大根も地味においしくてうれしい。さらにテーブルの上にはゴマ塩もあるので、おかず関係はバッチリ。ゴマ塩も少しいただいて完食。ちなみに、私の後で入ってきたサラリーマンたちのサバ塩が到着したのを横目で見る。これがまた随分とおいしそうでカッコいいサバ塩。今度はぜひサバ塩にしようと思いつつ、「すみません、お勘定を！」と言って立ち上がったのであった。

（2017年4月）

柔らかく炊かれたご飯の甘み、旨みのバランスも最高でした

新橋《しんばし》

浜松町　有楽町

さかな亭

新鮮な魚料理を頂ける〝定食〟エリートたちのオアシス

新橋にやって来た。言うまでもなくサラリーマンエリートの街である。つまり、ここは〝定食〟選択肢が非常に多く、いつもどの店にしようかと迷ってしまいます。その中で食の道でのエリートサラリーマンたちが集結するのが、汐留口側（駅東側）にある新橋駅前ビル。日比谷口（駅北西側）にあるニュー新橋ビルより好きだな。

さて、新橋駅前ビル内にある『ポンヌフ』に行きたい気持ちもあるが、今日は刺身が食べたいので、噂に名高い『さかな亭』に行こう。ビルの地下1階にある。訪れたのは13時だったが、店の外には待っている女性の姿が。いやあ、人気だなあ。店内はカウンターだけの小さめのお店。ただ、客の回転が速いために、わりとすぐ入れた。「刺盛定食」は並で750円。刺身の大盛りにすると900円。うーむ、この

150円の違いはかなり大きい予感がする。ということで大盛りにしよう。とりあえず着席。そしてお腹が空いていたので、「ご飯の大盛りはいくらですか?」と大将に聞くとサービスとのことなのでそうしてもらう。店内はおじさんだけではなく、先ほどの女性も含めて結構女子率が高い。さすがサラリーマン道エリートの街、女子もおいしい店だとやってくるのだなと思っていると、青菜の漬物、味噌汁、ご飯、そして刺身がやってくる。刺身は確かに大盛りだよ。カンパチがいっぱいとマグロ、サーモン、そしてネギトロだ。

まずは味噌汁から。なんとこれはキャベツの味噌汁。キャベツの甘味が味噌汁全体に広がっていて、実においしい。これはますます期待が高まる。

続けて青菜の入っている容器の反対側に醤油を入れて、ワサビを溶いて準備完了。まずはカンパチから。これはものすごく新鮮だからか、コリコリと硬め。個人的には柔らかい刺身の方が好きなのだが、爽やかな味わいでこれはおいしいよ。次はサーモンに。これはトロリとした味わい。脂がのっていて、いい。受け止めるご飯も実においしい。大盛りにしてもらったけれど、どんどんとなくなっていくなあ。マグロとネギトロは見ただけで実力がありそうなのがわかったので、これは後で食べることにして、青菜を食べているとご飯がすっかりなくなってしまった。「お代わりはできますか?」とおかみさんに聞くと、「有料です」とのこと。どうも、お代わり1回か、大盛りのいずれかがサービスだったようだ。「ではお代わりはいくらでしょう?」「量によります」「半分は?」「50円です」「下さい!」とお茶碗を差し出すと、即座によそってくれる。よしよし。すぐにご飯にネギトロ、ワサビをのっけて醤油をかけてネギトロ丼にして食べる。うまい! そして一番最後に大事に取っておいたマグロを食べよう。いやあ、これは完全にトロだな。口の中で宝物のようにトロけて素晴らしい味わい。すかさずご飯を食べて完食。大満足。幸せの境地に達した新橋の昼下がりであった。

（2017年5月）

カンパチ、マグロ、サーモン、そしてネギトロと新鮮なお刺身を堪能できます

キッチンハレヤ

ケチャップライス&フワトロ玉子、そしてデミグラの素晴らしいハーモニー

浜松町
はままつちょう
田町　新橋

恵比寿駅から山手線に乗る。あ、新型車両だ。E235系で、最近よく見るようになったな。外観もカッコいいが、車内は窓の上がモニターになっているんだね。モニター群が連動して広告を流していて、実にカッコいい。見とれていると、あっと言う間に、浜松町駅に着く。ここで少し用事があるのだが、その前に時間があるので食事をしていくこととしよう。

この街で行きたかったのは、『キッチンハレヤ』。駅から歩いて3分くらい。この街は駅前の貿易センタービルをはじめ、大きなビルの目立つ街だが、ちょっと入ると、小さい建物もわりとあるのだった。目指す『キッチンハレヤ』の辺りも落ち着いた感じの場所。そばにシブい建物の金井醫院もあるな。訪れたのは14時30分。ランチは15時までだ。店内に入ると結構な込み具合。壁際のカウンター席に座り、メニューを見る。やはり「オムライス」かな。ご飯を1．5倍、2倍まで増量してくれるサービスがあるようだ。エライな。よし今日は2倍でいってみよう。さらに唐揚げ2個も＋100円で付けられるようなので、

そうしよう。「オムライス」が600円＋100円なので700円。安い。水を持ってきてくれたお姉さんに注文。テーブルの上には、ソース、マヨネーズ、胡麻ドレッシング、七味、タバスコなどがある。私の右隣はヤングサラリーマン、左はOLのお姉さんだ。さて、店内にはスピッツの曲が流れている。…あっ、この曲の流れ方は！　ベスト盤の「CYCLE HIT 1991-1997 Spitz Complete Single Collection」だ。スピッツは私はリアルタイムでは聞いてなくて、おっさんになってから聞き始めたけど、実にいい。そして歌いやすそうだからと思って、カラオケで歌うとかなり難しい。CKB（クレイジーケンバンド）の方が歌いやすいですね（まあ、比較するのもどうかと思うが）。いずれにしても、スピッツは日常生活のなかで、無理をしないで普通に女の子と付きあう地道な幸せ、そうだけど、ちょいとカッコいいみたいな感じがすごく好きだね。ちょうど大好きな「チェリー」がかかっていたので、そんなことを考えていると、オムライス登場。おお、こりゃ立派。オムライスが「ご飯」、スープが「汁」、唐揚げが「おかず」と「ご飯」「汁」「おかず」がそろったので、これは完璧な〝定食〟だね。キャベツの千切りまで付いている。

まずはキャベツに胡麻ドレッシングをかけて準備完了。ではスープから。これはシンプ

ルなコンソメスープ。今日は暑いけれど、身体に染み入るようなおいしさだ。いいね。ではオムライス。やはり2倍はデカい（笑）。全体の8割ぐらいにデミグラソースがかかっている。真ん中にスプーンをエイヤっと入れると、まず玉子はフワトロ系。中はステキなケチャップライス。よく炒めてあって、軽快な味わい。パラリ系のケチャップライスと、フワトロ玉子、そしてデミグラの深みのある味わいが重なり、素晴らしいハーモニーを奏でている。私は、どちらかというとオムライスは玉子が硬い方が好きなのだが、このオムライスの場合、中のライスがパラリ系なので、フワトロ玉子との相性がとてもいいね。そしてうれしいのはこの量！

　何も考えずにバクバクと食べ進めることができる。オムライスやチャーハンって、「量」がないとイヤだな。定食よりも「米」の量は大事。ラーメンとつけ麺なら、つけ麺の方が麺

オムライスやチャーハンは「量」がないとイヤなので今回は2倍にしてみました

が多いのとちょっと似ている。途中でキャベツも食べよう。ケチャップライスは具なしだけれど、このキャベツで口直しをできるし、栄養のバランスもいい（気がする）。そうだ、唐揚げも食べなくちゃ。…なんと、サクサクに揚がったゴキゲンな一品。さらに独特の香味がある。これは驚いた。いやあ、全部おいしくて感動。浜松町で用事があるときは、またここに来るようにしようと心に決めつつ、完食。満足しつつ会計。店のお姉さんに「いやあ、おいしかったです」と伝えると、「ありがとうございます」といい笑顔。なんとも、店もおいしい『キッチンハレヤ』なのだった。

（2017年7月）

田町
たまち
品川　浜松町

しんぱち食堂

脂がのって香ばしいいわしの身にかぶりつく!

田町駅は山手線の中でも有数のサラリーマン王国である。ただ、それと同時に慶應義塾大学をはじめ、学校もいくつかあるので、浜松町、新橋、そして神田とはやや異なる風情だ。まあ、学生とサラリーマンが混じりあっていて、汽水域のような街とも言える。ただ、御茶ノ水や水道橋のように学生勢力はそこまで強くはなく、サラリーマンの方が比較的強いね。さて、田町駅を三田口（西口）で降りて、第一京浜を渡って、小道に入ったところにあるのが『しんぱち食堂』。ここは焼き魚メインの定食の店で、一度入ってみたかったんだよね。ちなみに同店はチェーン展開しているので他の駅にもあるそうです。

今回訪れたのは、15時。店内に入るとなんとほぼ満員。こりゃびっくり。ランチタイムでもないのにね。人気なんだなと思いつつ、1つだけ空いていた手前の角の席に座る。

ＢＧＭはこおろぎの鳴き声。今は晩春というか、初夏の匂いのする季節なのだが、一気に秋になったような気持ちになる。さて、何にしようか。安さと珍しさに惹かれて、「3羽いわし定食」に。焼いたいわしを食べる機会なんて、なかなかないからね。540円。大盛りが＋50円なのでそうしてもらう。生ビール（サントリープレミアムモルツ）が150円と安く、まるで立ちそばの『嵯峨谷』と同じだな。そんなことを考えていると、わりと素早く定食登場。これは立派かつシンプルな定食だよ。大根おろし、キュウリの漬物も付いているし。ご飯の蓋を取ると、こんもりと入っていて、かなりうれしい。

まずは大根おろしに醤油をかけて、味噌汁からいってみよう。ワカメ入り。トロトロで汁の濃さもちょうどいいね。旨みが前面に押し出ている感じだ。結構満足して、いわしに着手。ああ、こりゃいいわしの干物（丸干）じゃないか。これまた四国の実家にいるときによく食べたが、こちら東京ではあまり食べなくなったな。まずアタマをとる。アタマは食べてもいいのだが、全体的にどの程度の「硬さ」かわからないからね。歯の関係もあって最近は注意深くなった（笑）。…おっ、結構柔らかいぞ。この分だと、身の部分はかぶりついても良さそうだ。ガブリッ。…いわしのハラワタの苦み、身の香ばしさ、脂ものっていて、実にいいいわしだな。多少小骨があっても、ガミガミと

ハラワタもちゃんと残っている由緒正しきイワシの丸干し。
次はアタマも少しチャレンジしてみよう!

食べるところがいわしの干物（丸干）のいいところだ。そして受け止めるご飯もいい炊き具合だ。何よりもたっぷりとした量があってうれしいよ（しつこいな）。いわしは3つ（羽）あるので、運営計画をしっかりと立てつつ食べていく。…背骨は若干硬いので、これは残そう。状況に応じて食べれる食べられないを判断しつつ食べるのが小魚を食べるときの楽しみでもあります。それにしても、いわしの干物でご飯を食べるなんて、久しぶりだよ。私はサバ好きだけど、いわしも最高だなと思いつつ、食べ進める。…さて、慎重に食べていたけど、いわしを食べ終わって、ご飯が結構残ってしまった。まだ漬物もあるし、大根おろしもあるから、これに醤油をかけておかず力を上げて、食べればいいやと考えて、もりもり食べ進めたのであった。

（2017年5月）

品川
しながわ
大崎　田町

つばめグリル

まろやかなクリームソースが期待を裏切らないおいしさ

品川駅は、前著『定食ニッポン』の頃から巨大化が進んでいた。2017年現在は、エキナカはすごいことになっているし（※）、さらに最近は港南口が随分と発展している。と言っても、私はそもそも港南口にはほとんど行かなかったので、昔のことはあまり知らないけどね。さて、そのように激変する品川駅内外だが、外の方では、高輪口は比較的変化が少ない。今回は、そんな高輪口にある『つばめグリル』に行こう。新横浜にある『つばめグリル』には本当によく通ったし、今でも時折訪れるけれど（昼間の用事の関係で新横浜はよくいる街だ）、ここ品川の『つばめグリル』に入るのは初めてだ。しかし、この店は品川でも歴史ある店で、大学時代に、友達から「品川と言えば、『つばめグリル』！」とよく聞いていたのを思い出した。品川は新幹線の駅ができる前から（2003年）、田舎から出てきた時、「ス

ターゲート」となる駅だった。『つばめ』のことをよく話していた友人は、福島の出身で東京の「スターゲート」こと、「窓口」は上野のはずだったが、我々の通っていた横浜国大そばまで到達するのに品川で山手線から京急か、もしくは京浜東北線などに乗り換えてたときに下車していたのだろう。もしくは、受験のときに品川のホテルに泊まっていたのかも知れない。今度会ったときに尋ねてみよう（なんでそんなこと今頃聞くの？と言われそうだが）。ちなみに、私のように、西から上京した者にとっては、品川は東京の「スターゲート」である。

さて、訪れたのは平日の13時。すごいな、ほぼ満員だよ。店内は新横浜店よりもクラシックな感じでカッコいい。少しだけ待った後、2階に案内される。中ほどの席に座りメニューを見る。ランチはいろいろ種類があるな。ここに来るとハンバーグをついついセレクトしてしまう場合が多いが、実はシーフード系もおいしい。ゆえに、今日は「帆立貝のクリームコロッケ」にしよう。1100円（税別）。ウフフ。ちょっと高いけれど、この店はそれだ

けの満足度があるからね。
テーブルの上には、ステキなグラスと、冷たい水の入っているピッチャーがある。やってきたお兄さんに注文。ピッチャーからグラスに水を注いでゴクリ。ああうまい。暑かったからなおさらおいしいと思っていると、まずトマトのファルシーサラダがやってきた。これだ、これだ。もうすぐ食べたくなるが、今日はメインとともに写真を撮りたいので我慢しよう。店内の客は、サラリーマンたち、おばさんチーム、家族連れと多様な感じ。みんなワイワイ食べていていい感じ。そんな雰囲気に身を任せていると、メインとライスが登場。これはやはり素晴らしい！　間違いなくご馳走だ。
ではまずトマトサラダにナイフを入れる。トマトの中にコールスローサラダが入っているんですね。食べると、トマトとドレッシングの酸味、シャリシャリのコールスローで、目が覚めるようなおいしさ。その上、間違いなく、これは体にいい食べ物。『つばめ』の食べ物は全般的に食べると健康になって元気になるんだよね。続けてメインに。コロッケが2つ。それにサラダ。サラダはクレソン、プチトマト、キュウリ、アボカド、レタス。まずは手前のコロッケから。あっ、コロッケの下に、一つはケチャップ、もう一つはタルタルソースが敷いてあって、芸が細かい。まずはケチャップの方をナイフでサクリ。薄めの衣は控えめでサクサク。クリームソースの中に繊維状になったホタテがいっぱい入っていて、いつも通り素晴らしいおいしさ。あまりにも期待を裏切らないおいしさに涙が出そうになる。受け止めるご飯も洋食屋的適度な硬さでパクパク食べれちゃうな。ちなみにこの店はお代わりができるので大丈夫。ただ、おかずの関係もあるので、計画的に食べよう。まず1杯目はこのケチャップ味のコロッケで食べて、通りかかったお兄さんにお代わりをもらい、2杯目はタルタルで。これがまた酸味と旨みのバランスのとれた素晴らしいタルタル！　と言うことで2杯

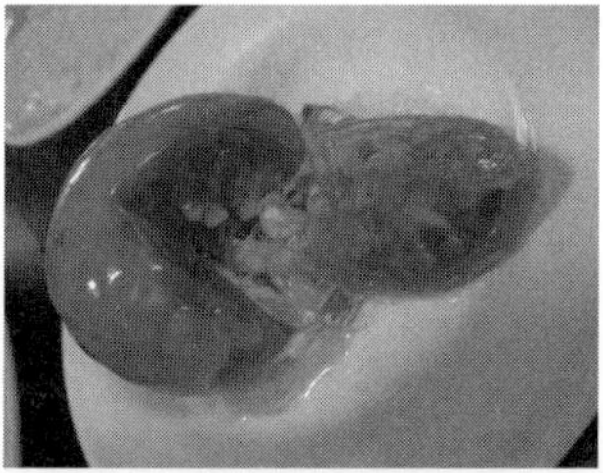

目も食べ終わり、最後はサラダ。良い洋食屋は副菜に魂が込められている。このサラダもおいしいなあ。家では作ることのできないおいしさだ。ドレッシングも残さず食べてしまう。ああおいしかった。満足だ。…とテーブルの上の案内を見ると、デザートセットが550円（税別）である。ケーキとコーヒーのセット。…ググ。これはたまらない。たまにはいいだろうとこれを追加したのであった。

（2017年7月）

※最近、山手線をはじめ、多くの駅でエキナカが発達している。ただ、こうなってくると便利なエキナカより、街の中の食事スポットを応援したい。ということで、今回の「山手線」では「エキナカ」は登場しません。改札を出た後の駅ビルの店は出てくるけれどね。

サクサクの衣の中にはほぐしたホタテを加えた濃厚なクリームソースがたっぷり

大崎
おおさき
五反田　品川

梅蘭

炒めた玉子の優しさと海老とチリソースの甘酸っぱさがご飯にピッタリ！

大崎駅に来た。この街は随分と変化した。オフィスビルがにょきにょきと建ち、すごく立派になった。特に新西口。ここには、カッコいいＴＳＵＴＡＹＡやスターバックスコーヒーがある。スターバックスはともかく、私にとってＴＳＵＴＡＹＡはとても大事。レンタルではなく、レンタル落ちの中古ＤＶＤが目当てなのだ。結構いい映画が格安で手に入ることがあり、ＴＳＵＴＡＹＡを見つけるととりあえずはチェックするのだった。大崎のＴＳＵＴＡＹＡではないが、先日もリュック・ベッソン監督作『サブウェイ』のＢｌｕ－ｒａｙを買った。この作品は１９８５年のフランス映画で、往年のサブカル雑誌『宝島』でカッコいい映画と紹介されていたのを覚えていた。タキシードを着た兄ちゃんが蛍光灯

を持っているジャケットが印象的だったね。ずっと見られないままに30年（！）が経過し、偶然ＴＳＵＴＡＹＡで会えたわけだ。まるでタイムマシンですよ。…とまあ、こんなことが時々あるのだった。ただし、中古商品は移ろいやすく、「この店にはいつもいいものがある」というわけでもない。古書店なら、品ぞろえのいい店、特定の分野に強いとかあるけど、ＴＳＵＴＡＹＡはあまりその法則はなく（全くないわけではないけど）、結構ギャンブル性が高い。そのためＴＳＵＴＡＹＡを見たら、すかさずチェックするようにしているのだった。特に地方に行くと必ずチェックしますね。

　ということで、まずはこのＴＳＵＴＡＹＡをチェック。残念ながらここはそそられるモノが何もなかった。結構カッコイイ店なんだが。仕方がないので再び、駅に戻り、南口から歩いてゲートシティ大崎に入る。もはやゲートシティはこの街では古参になってしまったね。ただ、中にある飲食店は結構変わっている。少し前に、横浜中華街からやってきた『梅蘭』が店を出している。今回は、大崎駅からりんかい線に乗って東京テレポートまで行くので、この『梅蘭』で昼ご飯を食べておくことにしよう。14時前。ランチはいろいろとあるが、値段的には９５０円が多いな。定食のなかでは「黒酢肉団子」１０００円や「海鮮2品」１１００円も捨てがたいが、ここは「海老と玉子のチリソース」９５０円にしよう。そう心に決めて入店する。すると奥の４人席に案内される。着席後水を持ってきてくれたお兄さんに注文。ご飯は大盛りにしてもらう（ランチは大盛りとお代わりはサービス）。ちなみに、この海老と玉子のチリソースは横浜中華街だとわりと定番メニューですね。チリソースじゃなくて、塩炒めも結構あってそれはそれでおいしい。ちなみに、店内は遅めのランチを食べているサラリーマンが結構多いな。スーツ姿があまりいないのが、新橋や大手町と少し違うところ。ＩＴ系の会社が多いのだろうか。そんなことを考えていると、ランチ登場。これは立派な定食。キュウリの漬物も市販のものではなく、塩もみしたものが付いているのが実にエライ。

　ではまずはスープから。玉子とワカメのスープでさっぱりしている。ワカメがたっぷり入っているなあ。続けて海老玉子チリソース。玉子を炒めると、特に卵白がカニの身に近い味となる。だから、蟹玉は、同じ系統の味わいのものの組み合わせとなるわけだ。蟹でなくても、今回の海老の

横浜中華街だとわりと定番メニューともいえる「海老と玉子のチリソース」

ように、海鮮系の素材とは相性がとてもいいのだ。食べると、玉子の頼もしさ、海老のプリプリにチリソースの甘酸っぱさ、そしてネギのシャリシャリが絶妙にブレンドされて、これはもうおかず力がありますね。さらにご飯がツヤツヤしてさらにふっくらしていてうまい。中華料理店のご飯は、かつては残念な味わいのものが多かったが、ここ最近はとてもよくなっている。それにしてもおいしい。大盛りにしたのにご飯がなくなってしまったよ。仕方がないなあ、お代わりをもらおう。「すみませーん」とお兄さんを呼んだのであった（食べ過ぎ）。

（2017年3月）

渋谷「定食」今昔物語③

蓬莱亭・本店

喧騒を忘れ静かにとんかつを楽しめた『蓬莱亭・本店』

続いても『蓬莱亭』。今日は本店のほうに行くことに。ここも営業が2013年12月30日までなのだ。かくして、12月の平日の13時くらいに地下1階の店を訪れる。貼り紙があり、閉店のことが記されている。昭和32(1957)年創業だったんだ。へえと思いつつ、店に入るとほぼ満員! かろうじて壁際の2人用のテーブル席が空いていたのでそこに座る。いつもの「特製ソースかつ定食·ロース」880円もいいけれど、今日は「とんかつ定食·ロース」を食べよう。980円。小鉢が付いているのだが、その小鉢はひじき、もずく、マカロニサラダから選べるようだ。よし、今日はマカロニサラダにしよう。注文すると、お茶とお新香(大根、キュウリ、キャベツ、古漬など)、そしてマカロニサラダが運ばれてきた。ああ、この本店は活気はあるけれど落ち着いて食べられてとてもいい雰囲気なんだよなと思っていると、豚汁、ご飯、とんかつが登場。

まずは豚汁。ブタ、ネギ、ゴボウ。このゴボウがいいんだよとおいしくいただく。続けてカツにソースをかけ、辛子をもらって食べる。とんかつ定食のカツはやや脂身が多い。この脂身をおいしいと思うか、負担に思うかは体調次第なのだが、今日はややしんどいな。でも、大量のキャベツを食べ、お新香を食べ、豚汁を飲んでいると、段々とバランスが取れてきたせいか、なんだか元気になって食欲がもりもりわいてきた。これがとんかつ定食のバランスパワーですね。そんなわけで、キャベツとご飯をお代わりし、ついでに水ももらう。

ああ、これで食べ納めかなあ。でも名残惜しいので30日までにもう一度来ようかなと思いつつ、お代わりキャベツを食べたのであった。

「とんかつ定食」のカツは脂身が多いので、体調がいい時に限ります

五反田《ごたんだ》
目黒　大崎

Sign

サクサクに揚がった唐揚げと
スパイシーなソースとの相性抜群！

東急池上線で五反田駅に来た。ここでJR山手線に乗り換えるのだ。渋谷～五反田は東急の「覇権」がある感じだよね。ちなみに、東急池上線の五反田駅はレミィという駅ビルになっている。このビルは、かつては白木屋デパートだったそうで、由緒正しい駅ビルなのだった。余談だが、白木屋はかつて隆盛を誇った百貨店で、東急傘下に入り、場所は継続している店舗もある。この五反田のレミィもその一つだ。なお、白木屋という名前は、国内では消滅したものの、ハワイにはホノルルのアラモアナセンターに「シロキヤ」が残っている。…さて、話を五反田駅に戻すと、東急からJRに乗り換えていく「動線」の感じがとてもいい。往年の渋谷駅の乗り換えの良さをも彷彿とさせる。前述したように、今（2017年）の渋谷駅にはその動線の良さはなく、その一方でこの五反田駅や蒲田駅にその思想が遺されている。特に蒲田駅は池上線と多摩川線が双方のターミナルで、本当にかつての渋谷駅の「感じ」だよね。

さて、今日はこのレミィで食事をして行こう。ビルの上にはレストランのフロアがあるけれど、東急の改札を出てすぐのところにある『Ｓｉｇｈ』というカフェでランチをやっている。土曜の14時だったが、ランチがあるんだね。定食的なメニューもあるので、ここにしよう。入店すると、お兄さんに「タバコは？」と聞かれた。「吸わない」と応えると、禁煙ゾーンの大テーブルに案内された。ちょっとオシャレなカフェなので、女子客の比率が高いな。大テーブルは相席で片方の席はなく、右側はお姉さん客だった。幸い目の前が私と同じおっさんだ。ほっ。…改めてメニューを見る。「セミドライキーマカレー」９００円（税別）もいいけれど、より定食的なものにしようと、「唐揚げプレート」に決定。１０００円（税別）。通りかかったお兄さんに注文。「ご飯の大盛りはできますか？」と聞くと無料サービスとのこと。いいね。そうしてもらう。また、食後のドリンクも付くので、温かいコーヒーにしてもらう。こういうカフェはアイスよりホットコーヒーの方が圧倒的においしいことが多いのだ。注文後、出てきた水を飲む。あああ。暑か

ったから水がとてもおいしい。飲み干すと気がついたお姉さんがすぐに足しに来てくれた。いい店だ。2杯目を飲んでいると、プレートランチ登場。これはよくありがちなカフェ飯。ただ、あなどってはいけない。カフェ飯はおいしいものも多いのだ。

まずはスープから。カップに入ったかき玉スープで、とろみがついていておいしい。あ、胡麻も入っていてプチプチしていいね。続けて唐揚げ。いいですね、5個もあるよ。これに香味ソースをつけて食べる。サクサクに揚がっていて、ややスパイシーな香味ソースとの相性がかなりイイ。受け止めるご飯にも胡麻がふってある。なぜか、カフェ飯のご飯にはゴマや砕いたピーナツがのっていることが多いんだよな。そしてカフェ飯のもう一つの特徴がたっぷりの野菜。レタスや、水菜のサラダをもりもりと食べる。ああおいしい。かくして食べ終え、食後のコーヒーを持ってきてもらう。これがやはり大当たり。大きなカップにたっぷりと入ったコーヒー。オサレな砂糖も付いているよ。これはゆったりできるなと思い、静かにコーヒーを飲み始めたのであった（ブラック→加糖→ミルク投入）。

（2017年7月）

オシャレなカフェは、おっさんとしては入るのに勇気がいるが、ランチレベルは総じて高い所が多い

目黒
めぐろ
恵比寿　五反田

ぱっくん亭

具だくさんの焼きそば+ライスはまるで野菜炒め定食!?

恵比寿駅に直結しているアトレからガーデンプレイスまでは動く歩道がついている。この歩道はなんだか祝祭的雰囲気に満ちていて、人々はなんだかウキウキしている。ガーデンプレイス自体が非日常的な空間で、ご飯を食べたりビールを飲んだりする楽しい空間として定着しているからだろう。定食研究に邁進する私だが、時折ハンバーガーに浮気してしまう。チェーン系のなかでも特に好きなのがバーガーキング（BK）。おいしいハンバーガー、サンデーなどのスイーツも手ごろな値段、そして何よりも大人な雰囲気でゆっくりできるのがいいですね。そのバーガーキングがガーデンプレイスにあるんですね。ここのBKに一番よく行きます。第二位は六本木店。ここは地下鉄と直結、さらにTSUTAYAの隣というベストなポジションなんですね。ちなみにガーデンプレイスの奥にもデカいTSUTAYAがあって、ここもよく立ち寄る。ただここまで来てしまうと恵比寿駅まで帰るのはどうよ？という気持ちになり、そのまま住宅街を抜けて、山手線の線路沿いに少しだけ歩くと、もう目黒駅が見えてくる。このルートも結構好きなのでわりとよく歩きます。

さて目黒。この駅も山手線の駅の中ではオシャレ系なのに、親しみやすい実力店がいっぱいある。昨今女子化した恵比寿よりも男っぽい店も多いのでいいですね。ヤングたちが汗を流して修業に打ち込んでいる『蒙古タンメン中本』や、パスタじゃなく、店名通りにステキなスパゲティを出してくれる『スパゲティ　ダン』、そしてとんかつの聖地『とんき』など本当に名店が多いですね。さて、『スパゲティ　ダン』と『中本』の近くにあるのが、お目当ての『ぱっくん亭』。ここで実にステキな焼きそばが食べられると聞いたので、入ってみることとした。

ということで、平日の12時50分に到着。うわあ、まだまだ満員だよ。サラリーマンや地元の人々でとても混んでいるね。表で少しだけ待ち、店内に入り角の2人席に座り、「シャンコ焼きそば（醤油味）」を注文。550円。ランチサー

ビスとのことで、ライスを付けることができるそうなので、迷うことなく付けてもらう（笑）。店内はまだまだ混んでいて、ステキな活気に満ちている。厨房の中では、中華鍋がフル稼働！　ジャカジャカいい音が響いてくる。その音に聞きほれていると、沢庵と水が先に出てきて、少ししてライスと焼きそばが登場。焼きそばはスゴイ量だな、こりゃ。キャベツ、もやし、ニラ、ニンジン、タマネギ、肉がたっぷり入っているね。スープがないのが〝定食〟としてはちょっと残念。ではいただこう。麺は平たく細いタイプ。やや油でコーティングされていて、ツルツルとシコシコの間の歯ごたえで、モガモガ食べる感じ。麺も独特でおいしいけれど、具がたっぷりなのも満足度を上げている。あっ、そうだ、ご飯も食べよう。焼きそばをおかずにご飯を食べるのは私は結構好きだけど（野菜炒めのおかずと近いからね）、沢庵が付いていて、おかず的にはまるで問題なし。お米もおいしい。そして何よりも店はとても混んでいるのだけど、店の人が笑顔を振りまいているので、店内がシアワセな雰囲気に包まれている。この感じが焼きそばのおいしさ

をさらにアップしているなと思いつつ、モガモガ麺を食べたのであった。

（2017年3月）

追記：静岡の大日食品という製麺会社のブログによると、シャンコ麺とは、「香娘麺」と書き（香娘とはかわいらしい娘さんという意味）、昭和30年代に横浜の製麺屋が作り販売し、関東・東海地方に「香娘麺グループ」を立ち上げたそうだ。大日食品もそのメンバーになり製造するようになって、以降40年以上、生麺の人気商品となっているそうだ。へえ。知らなかったね！

（2012年WEBの情報）

やや平べったく細い麺が特徴の「シャンコ焼きそば」。
油でコーティングされているのでご飯のお供としてもピッタリ

恵比寿《えびす》
渋谷　目黒

天童

連れっていった人は誰もが満足してくれる最強中華屋!!

恵比寿、それも西口は私が普段いる街だ。なので、山手線のなかでも昼ご飯を食べる率が圧倒的に高い駅のはずだが実はそうではない。どちらかと言うと、明治通りをテクテク歩いて渋谷駅近辺で食べることが多いのだ。ゆえに、恵比寿駅近辺では意外に昼ご飯を食べない。恵比寿には20年以上居続けているけど（途中居なかった時期もあるけれど）、恵比寿駅近辺は店の移り変わりが非常に激しいのと、おそらく賃料が高いせいで、ランチもそんなに安くはないということもある。まあ安くなくてもステキな定食があれば食べるけれど（最近はね）、ただ私の定食魂を揺すぶる個人店にもそんなに出会わない。そのため、恵比寿駅近くで食べるときはむしろ、『松屋』とか『吉野家』とかチェーン店を利用することが少なくない。もっとも、これには私の個人的な事情もある。定食研究を行っているため、初めてのお店や、「これは！」という店に入るときはそれなりに気合を入れて訪問する。「真剣勝負」みたいなもんです。ただ、いつも真剣勝負をしているとか

なり疲れるので、時折は『松屋』で牛焼肉定食を食べたり、『吉野家』で牛丼食べたりする。まあ「休憩タイム」ですね。さすがに牛丼食べているときは、そんなに真剣にメモしなくていいからね（でもついくせで、食の記録はつけることは多いけれど）。後、付け加えれば、恵比寿の駅ビル、アトレに代表されるように（２０１６年春にはアトレ西館もオープン）、駅近辺が山手線屈指の「女子的な街」になっているというのもありますね。例えばアトレ西館の1階にある『シェイクシャック』というハンバーガーの店も女子が多いですね。

　さてさて。そんな恵比寿駅西口だけれども、個人店でステキだと思う店も当然ある。拙著でこれまで紹介してきた食堂の『こづち』も中華料理店の『どんく』も健在だけれども今回はこれまで紹介していなくて、よく通っている『天童』を紹介する。ここも中華料理店で、大変においしく値段もステキな感じなのだ。『こづち』や『どんく』よりシャレた店です。ここの昼のランチもなかなかステキなのだが、むしろ夜の食事会で利用することも多い。ということで、今回は夜の『天童』。『餃子バンザイ！』などをともに作ったミヤサトさんが恵比寿に来てくれたので、2人で訪問する。金曜の夜で、混んでいると困るので事前に電話して席を取っておいてもらった。19時30分に入店すると、やはりそれなりに混んでいる。電話しておいてよかった。店の方にご挨拶して、予約しておいた席に座る。とりあえずビールと、ピータン豆腐、そして餃子を2人前注文。ビールで乾杯しているとピータン豆腐登場。ここのは崩した豆腐に細かくしたピータンとナゾのタレがかかった独特のタイプ。「…これはおいしいですね」とミヤサトさん。大体この店に知人を連れてくると、みなさん、このピータン豆腐でのけぞることが多いですね。

　続けて餃子登場。ここのは味がしっかりついているのでそのまま食べられる。皮がもちもちおいしく、中身もしっかりしている。「これもおいしい。『餃子バンザイ！』に載せたかったですね」とミヤサトさんまた納得。本当はここで春巻も頼みたいが（パリパリに揚がっていて素晴らしいおいしさ）、実はピータン豆腐がボリューミーで、この後「五目焼きそば」と、定食的メニューの「五目チャーハン」を注文したので我慢。で、まずは五目焼きそば到着。880円だがものすごいボリューム。硬焼きそばが「あん」の力で徐々に柔らかく変化していくさまがとてもいい。「あん」の部分の野菜や肉がつまみとしての機能を発揮するのもさらにいい。ビールも飲んでいたので、ここまででかなり満腹、しかし頑張って、チャーハンも食べよう。これも880円。

　しばらくすると、スープ、柴漬とともにやってくる。これはこれは。定食的様相になってよかった（笑）。汁も漬物も「米」もあるよ。「おかず」は米の中に細かくして入ってい

注文したどのメニューも
味も文句なしでなおかつ
値段もステキな感じ。2人
ともお腹いっぱい大満足!

ると思えば、これは定食なんですよ（笑）。スープは穏やかなおいしさ。あっ、スープは焼きそばにも付いていたので、そっちはミヤサトさんが飲みました。ではチャーハン。量がたっぷりだ。ネギ、玉子、チャーシュー、グリンピースなどが入っている。小椀によそって食べると、しっとり系とパラリ系の中間的チャーハン。ホクホクしている感じがいい。グリンピースのプチプチ、チャーシューなど肉の力強さ、玉子のふんわり感、そしてお米の安定感が実に素晴らしく、かなり満腹状態と言いつつも、もりもりと食べてしまうのであった。ああ、やはり『天童』は最高だ。

（2017年8月）

渋谷
しぶや
原宿　恵比寿

仙台や

巨大でプリプリのエビフライが3尾揃って驚きの950円！

山手線の旅、最後はふたたび渋谷に戻ってきた。

さて、恵比寿から渋谷に向かって歩く場合、明治通りではなく、JRの線路の左側の道、つまり山手線の外側の道を歩いていくこともできる（最初の渋谷のところで出てくるのとは線路の反対側です）。この道はそんなに広い道ではないが、渋谷清掃工場の巨大な煙突が青空に屹立していたりと、大きな「空間」を感じることができるので、わりと気持ちがいいですね。近くに専門学校があるせいか、若者も多い。…猿楽橋の下をくぐって少し歩くと、『仙台や』と『奥三河』というステキな店が並んでいる。『奥三河』はみそカツのおいしい店なのだが、今回は『仙台や』を紹介しよう。この店で印象深いのは2011年3月15日。そう、東日本大震災のときの話。普段私は東京メトロ日比谷線＋東急東横線＋JR横浜線を乗り継いで通勤しているのだが、その時は横浜線がずっと止まっていたので、やむなく渋谷から井の頭線で帰ろうと、夕方この『仙台や』の前の道を歩いていた。当時は店も随分とやっていなかったのだが、確か『仙台や』は営業していて、店の明かりが外にこぼれていた。店の中には結構お客さんがいて、店の人と一緒に食い入るようにテレビを見ていたのをよく覚えている。あの時は、毎日毎日、明日がどうなるかわからない日々だった。しかし、日常の仕事はあるわけで（むしろ震災で混乱した仕事を立て直すので大変だった）、それを続けるべきか、それとも到来しつつある恐ろしい放射能から逃げるために、家族を連れて実家のある四国に避難すべきか相当悩んだものである。本当に運命の分かれ道でしたね、あの時は。その後とりあえずは「日本」は続き（実際の放射能の汚染に気がついていないだけかも知れないけれど）、今に至るわけだ。…そんなことを思い出しつつ、『仙台や』に入る。ここは量が多いので、気をつけないとね。何にしようかと思ったが、「エビフライ定食」にビビビと来たのでそれにしよう。訪れたのは14時過ぎだが、店はほぼ満杯。こりゃビックリ。カウンター席もあったけれど、タバコを吸っている人がいたので、テーブル席の方に座らせてもらう。それにしてもすごい混み方。テーブルが空いたかと思うとすぐに次の客が入ってくるよ。すごいなあと思いつつ見ていると、私のエビフライ、ライス、しばらくして

スープも登場。ここは定食に付いているお新香はなく、テーブルの上にあるポットに入っているので、そこから自分で取って食べる。たまたま私のテーブルにはなかったので、隣のテーブルのサラリーマンに会釈して拝借する。おお、ポットの中にはもやしが入っている。少しいただいて元に戻してまた会釈。

最初にエビフライにダラダラとソースをかけて準備完了。エビフライは本当に巨大なのが3尾。キャベツも大量にあるよ。ではスープから。ネギが入っているだけのシンプルなスープだが、旨み凝縮のイイ醤油スープ。いやー、うまい。続けてエビフライにかぶりつく。衣はやや厚めだが、驚いたことに中のエビはかなり巨大でプリプリ。これは一体どういうことだ？　950円で、こんなにスゴイエビフライが3本とは。むしろこれは安いな。これだけの量があると、エビフライ定食における根本的な問題である、おかず不足問題が生じないな。大体、カキフライとエビフライの定食は、ご飯が余ってしまう傾向があるけど、これはもう全く心配はないともぐもぐと食べ続ける。エビフライはちゃんと尻尾のところも殻をとって中までいただく。合間にもやしも食べる。これまたシャキシャキしていておいしい。かくして、エビフライ2尾でご飯がなくなってしまった。すごい、エビフライが丸々1尾残っているよ。節約して食べたわけでもないのに、こんなエビフライ定食体験は初めてだ。では最後のエビフライは味わって食べよう。衣には玉子もたっぷりと入っているようで、香ばしさに優しい奥行きを与えてくれている。…ああおいしかった。では本当の最後にキャベツにソースをかけてバババと食べ、水をぐいっと飲んで「ごちそうさま」と席を立ったのであった。

まあ、天災、人災、戦災がなく、平和が続いて定食を日々食べ続けられるのが何よりの幸せですね。

（2017年8月）

いつもエビフライ定食を頼むとご飯が余ってしまうが、ここまで大きなのが3本もあると安心して食べられます

第1章 あとがき

東京は「まだらなミルフィーユ」。やはりよく歩こう！

竹書房の文庫シリーズでは、何度も山手線を一周している。一応記すと、前述の『定食ニッポン』（2007年）、『立ちそば大全』（2010年）、『丼大好き』（2012年）。つまり、今回で4周目、「食べて、周って10年目」ということになる（語呂がいいな）。本章で記したように、山手線は大きく変わった街、あまり変わらない街の差が結構激しい。また変わったとしても、全部すべて変わるわけではなく、古いまま残っていることもしばしばある。冒頭で紹介した『吉野家』も建物自体は古く、かつての渋谷を今に伝えている。街の変化は地層が堆積するように、またはミルフィーユのように層を重ねる部分と、古いところがそのまま露出し続けているところが混在しているのだ。言うなれば、東京は「まだらなミルフィーユ」だ。

すべてが変化した街や、まったく変化がない街より、変化する新しい部分と、変化しない古い部分が混在している街は新旧せめぎあうパワーがあって面白い。山手線各駅はわりとそういう駅が多いですね。一見、変わっていないように見えても、店の新陳代謝が激しい地域もある。恵比寿駅西口や目黒駅東口が好例。かつて行きつけだった店が、久しぶりに訪れると、いつの間にかなくなっていることもしばしばだ。例えば目黒にはかつて『定食ニッポン』で紹介した『ホップワン』という素晴らしい洋食屋さんがあったが、2012年に閉店してしまっていた（本章で紹介した『ぱっくん亭』の近く）。これはとても残念なことだけれど、『ホップワン』は何度も訪れていたからまだよかった。気になっていて、いつか入りたいと思っていた店がいきなりなくなるのはものすごく辛い。ゆえに、街を練り歩き、良さそうな店があれば、とりあえず入ってみて味を記憶しておきたい。そうすると、少なくともその記憶はずっと自分の中に残るからだ。

一方で、新しい店でも雰囲気が良さそうだと思ったら、これまたドンドンチャレンジしたい。若い人が始めたお店でカフェ飯的な定食を時折食べるが、その誠実さに感動することも多い。カフェを自分でやっているアニキやお姉さんたちは、皿の盛りつけの美しさを大事にしているのは言うまでもなく、スープなど汁ものや（具沢山も多い）、肉と野菜のバランスに気を使っているので、高い確率で食後の満足感が得られる。同様に定年退職した老夫婦がゆったりやっている喫茶店などで「こりゃ当たりだ！」と叫びたくなるような実直なハンバーグライスやナポリタンを食べられることもしばしばだ。ただ、このような個人店は、賃貸料の関係で、山手線各駅にはあまりなく、都心から少し離れた私鉄沿線などに多い。ただ、駒込や巣鴨など、わりと住宅地がすぐ迫っているような駅や、しもた屋をうまく使えるような古い商店街がある駅界隈はナイスな店に出会う可能性がある。

いずれにしても、大事なことは「はじめに」でも記したように街を歩くことです。本章を読んでいただいたらわかるように、山手線は一駅くらいなら歩いたほうがいろいろな発見があって面白いですね。

第2章

何度でも通いた!
ワクワク洋食巡り

「何度でも通いたい！　ワクワク洋食巡り」

２０１７年１月に、長年の洋食研究の成果である『洋食ウキウキ』（中公新書ラクレ）を刊行することができた。その際、分量の関係などで掲載できなかった名店たち、刊行後訪れた店などをここでは紹介します。もう、いい店だらけです。基本はリーズナブルな店が中心です。それにしても、なぜか、「カニコロッケ」ばかり食べているな（笑）。

東京・巣鴨

フランス亭

もう一度また食べたいと夢にまで見た「洋食弁当」

随分前に、巣鴨にあるJ校に呼ばれたとき、お昼に洋食弁当をご馳走になった。エビフライとアスパラサラダがとても印象的で、ものすごくおいしくて、その後夢に見るほど強烈な弁当だった。もう一度あの弁当を食べたいなと思って、調べてみるとJ校のそばにある『フランス亭』という洋食店のものらしい。ぜひ訪れようと思っていたが、意外とチャンス

がない。「うーむ」と思っていると、たまたまJ校の仲の良いW先生が「食事をしましょう」と誘ってくれた。「どこがいいですか?」と聞かれたのですかさず「フランス亭で!」と応える私。「え? いいんですか?」とW先生。「いいどころじゃなくて、ぜひ行きたいのです」と応え、小雨の降る土曜日、2人で『フランス亭』を訪れる。まあ住宅地の中にある小さなお店です。

店内に入ると、中もこじんまりとしていて居心地の良い雰囲気。奥の席に座り、メニューを見つつ「何を食べますか?」とW先生。そりゃ、「洋食弁当」でしょう。メニューを見ると「洋食弁当」は3種類あって、Aが1410円、Bが1730円、Cが2160円。おかみさんに内容を聞くと、エビフライ2尾と玉子焼き、アスパラサラダはどれも共通しているが、Aがハンバーグ、Bがポークカツ、Cがビーフシチューだそうだ。「…確か、ハンバーグが入っていたような記憶があるだよな…」とつぶやくと、そばでおかみさんが「そうです、J校さんはいつもA弁当でした」と助け船。よし、Aで! 後は、「カニサラダ」1190円と「スパゲティ・ナポリタン」760円を単品で注文。W先生は飲めないので、コーラ、私はおビール(瓶)

カニサラダとナポリタンも文句なしのレベル

エビフライ、ハンバーグ、玉子焼き…どれから食べようか迷ってしまう

をいただくことに。すぐにハムとレタスの突き出しがくる。あ、マヨネーズが付いている。ここのマヨネーズは自家製でおいしかったよなと記憶が段々とよみがえる。ハムと共に食べると実になめらかでコクのあるやはり素晴らしい味。これだこれだと感動。W先生にもハムとマヨネーズを分ける。「これはおいしいですね」とW先生。そうこうしていると、カニサラダ登場。おお、カニはサラダの中に入っているタイプだ。野菜のシャキシャキとカニ肉のハーモニーで素晴らしい味わいだな。おいしさに唸りつつ食べていると、ナポリタン登場。見た目もカッコいいね。食べるとモチモチ麺とコクのあるソースで、即座に脳にズドンと「おいしい！」パルスが送られるタイプ。マッシュルーム、ハム、タマネギなど具もたっぷり。「ああ、最高だ。今日はとてもいい日です」とW先生に伝えていると、ついに洋食弁当登場。…す、素晴らしい！ 立派なエビが2尾。ハンバーグ、玉子焼き、ニンジングラッセ、クタッとしたピーマン、皮をむいたトマト、パセリ、そしてゴマを振ったご飯！ これだ、これだ、夢に見た弁当だ。

ではまずエビフライから。うん、まず衣の香味がたまらん。これが独特。記憶のままだよ。おかみさんに聞くと、パン粉は自家製とのこと。それがこの香味につながっているのか。このままでもおいしいけれど、少しだけソースを垂らして食べる。そしてハンバーグ。肉々しさとなめらかさの中間的味わい。苦くもなく甘くもないデミグラスソースがとてもおいしい。この分だと、この店のビーフシチューはすごいんだろうなと、想像が膨む。そしてパセリを。…やはり新鮮でおいしい。いい洋食店のパセリはおいしいのだ。ニンジンのグラッセも柔らかくて甘くてすごくレベルが高い。子どもの時からこれを食べていればきっとニンジン嫌いにはならないだろう。クタッとしたピーマンもナイス。昔はこれはインゲンだったとおかみさん。確かにそうだった気がするな。野菜の調理が本当に丁寧だよ、『フランス亭』は。ちなみにおかずたちを受け止めるご飯も柔らかくてとてもいいご飯。

さてエビフライ1尾目を半分まで食べたところで、アスパラサラダのマヨネーズを付けて食べよう。……！　これだ。このコクとプリプリ海老の海の味わいの合体。まさに宇宙一うまいエビフライだ！　いやあ、今日は長年の思いが果たせてよかったと、何度目かの感動に身を浸しつつ、アスパラサラダに着手。私、この弁当を食べて、ホワイトアスパラのおいしさを知ったんだよね。あれから時間が経ったなと感慨にふけりつつ食べる。こんなにおいしい弁当を1410円で食べられるんだから、またぜひ来ようと思って。大きい玉子焼きを食べたのであった。これも具沢山でとても優しいおいしさです。

（2017年10月）

東京・早稲田

キッチンオトボケ

みなぎる肉汁が食欲を後押しするメンチカツ!!

年末、早稲田にやって来た。用事も済んだので、この後は神楽坂にでも行ってふらふらとしよう。年末の神楽坂の雰囲気がすごく好きなんですよね。年が押し詰まって、みんな慌ただしく動いている感じが。もうすぐ楽しい正月がくるシアワセと活発な雰囲気の合体がとてもいい（そもそも年末が好きなのだが）。まあ、その前に食事をして行こう。早稲田で食事だとやはり『キッチンオトボケ』に行きたい。ここは500円からステキな洋定食が食べられるんですよね。今日の気分は「メンチカツ定食」かな。券売機でチケットを買って、アジア系の店員のお姉さんに渡す。お姉さんに案内されるままに、真ん中の大きなテーブルに座り、料理の到着を待つ。年末のせいか、客はいつものように学生ばかりではなく、おばさん2人組もいるが、それでもヤングな客が多い。最近は女子学生もいるよね。ちょっと前までは客は男だらけだったんだがとか考えていると、メンチカツ定食到着。メンチカツ、デカい！　それも2つだ。そしていつもの味噌汁、ライス、メンチにはキャベツが付いている。まずは容器に入った食べ放題の沢庵を少しもらい（食べ放題といえども、これはそんなに食べれませんね）、辛子も少しもらい、メンチとキャベツにソースをかけて準備完了。

まずは味噌汁から。ワカメとネギのシンプルな具だが、これが実においしい。定食で味噌汁が大事だということは『オトボケ』はとてもよくわかっている。続けてメンチ。衣はザクリという感じ。何とも男らしい食感。噛みしめるとみなぎる肉汁！　タマネギのシャキシャキ、挽肉みっちりの頼もしさ。これは素晴らしい。実にハイレベルなメンチだ。うまいうまいともりもり食べる。それにしても、『オトボケ』はご飯もおいしいし量も多いし、キャベツもたっぷりあるので野菜もとれるし、それで安いからもう言うことはない。私は死ぬまで『オトボケ』にずっと通い続けようと心に誓い、沢庵をポリポリ食べたのであった。

（２０１６年12月）

このボリュームでたったの500円!
これからも通い続けることを誓います!!

東京・錦糸町

グリル藤

衣のザクリ感とクリームのトロリとした バランスがすばらしいカニコロ

錦糸町にやって来た。駅前にぜひ入ってみたかった洋食屋があるので行ってみることにした。その名も『キッチン藤』。店頭の黒板には本日の定食メニューが書かれている。12時ちょうどに店に入ると、運良く席が空いていたよ。カウンターの左から2番目に座る。見事にサラリーマンだらけの店内（時間も時間だからね）。Aランチの「ロースカツ」700円でも良かったが、今日は「カニクリームコロッケ」を食べたい気分だったので、それにしよう。750円。お店の人に注文して水を飲みつつ待つ。机の上にはウスターソース、中濃ソース、醤油、辛子、お箸、紙のおしぼりなどがある。Bランチの「エビ、ヒレカツの盛り合わせ」850円もおいしそうだなと思っていると、私のカニコロが登場。これは大きなカニコロが2個。おまけに漬物も私の好きな野沢菜で、全体的にかなりテンションが上がったよ。

ではまずは味噌汁。ワカメと豆腐のオーソドックスな具だが、温度と言い、塩加減とい

熱々のカニコロは衣のざくざくっとした食感と香ばしさがたまりません

い、絶妙のバランス。口の中に入れた途端、全身においしさが広がっていく。たまらんね。続けてカニコロに。まず中濃ソースをかけ、辛子も少しもらって食べると、衣がまだ熱々で、真ん中で割ると中からトロリとクリームがこぼれてきた。アチチだけれど、衣のザクリ感とクリームのトロリのバランスがすばらしく、実においしい。たまりませんなとご飯をもりもり食べる。ただ、中濃よりウスターかけた方がよさそうだなと思い、コロッケはウスターに変え、キャベツ（ニンジン付き）は中濃と使い分けて食べることにした。最初、ご飯の量がちょっと少ないかなと思ったが、コロッケがとても大きいので、すっかり満腹になった。よし、今度はBランチにチャレンジしよう！

（2014年11月）

東京・明大前

Bacca

かにみそたっぷりの
濃厚クリームが詰まった絶品コロッケ

平日の13時に明大前に来た。この街はよく来るけれど、結構いい店が多い。今日は『Ｂａｃｃａ』に行こう。ここはおいしいイタリアンの店なのだ。ランチではエビ入りのカレーがとても辛くておいしいのだけれど、店頭のメニューを見ると「かにみそたっぷりの紅ずわいがにのクリームコロッケ」がある。よし、今日はカレーじゃなくてこれを食べよう。９８０円。入口で古い仲間のGと待ち合わせし入店。２人席に案内される。近くに明治大学や高校が多く、今日は保護者会でもあったのか、店内は随分とママさんたちが多い。店員さんに注文。飲み物も付いているので、食後にアイスコーヒーをもらうことに。最初にスープとサラダがやってくるが、全部そろって写真を撮りたかったのでしばし我慢。Gといろいろと話をしていたら、カニコロッケとライスが登場。これは何とも美しいフォルム。

ではまずはスープから。キャベツのスープで、キャベツの甘味がスープにじんわりと溶けていてとてもおいしい。続けてカニコロッケ。紡錘形の形で2つ。付け合わせはインゲン、コーン、フライドポテト。彩りも上品できれいですね。コロッケをナイフで切ってまずは一口。うん、料理名に違わず、かにみそといぅか、カニエキスたっぷりの濃厚な味。さらにコロッケの下に敷いてあるトマトソースにもカニの玉子が。まさにカニ尽くし。コロッケの衣は薄めだが、サクリと揚がっていて、これまた絶妙。ご飯のおかずにもいいけれど、白ワインなんかと食べるとおいしいんじゃないかと、下戸の私にしては珍しい感想を抱きつつ、食べ進めたのであった。さらに、食後の飲み物も付いて、980円だったら、結構これはいいなと思いつつ、インゲンを食べる。…あっ、飲み物付きで、いろいろ話ができるからこれだけママたちがいるんだなと納得。私も食後はGとコーヒーを飲みつつ話し込んだ。

ちなみに、Gは「モッツァレラチーズをのせたオリジナルデミグラスソースのハンバーグ」990円を食べていたが、これもおいしかったそうです。今度来たときには食べてみよう。

（2017年9月）

「定食」と呼ぶにはちょっと上品なクリームコロッケ

東京・町田

グリルママ

おかず力満点の
濃いめに味付けされた
チキンとカニコロセット！

ゴールデンウィークの中日、今日は仕事だ。出先から、町田で乗り換えることに。時間があれば自宅に戻って食事をしてもいいが、それも億劫なので町田の駅前で食事をして行こう。こういう機会でもないと、地元の町田で1人で食事をすることなんてないからね。そうだ『グリルママ』に行ってみよう。町田駅南口近くの路地に店はある。今は12時20分。混んでいるかと思ったらやはり混んでいた（笑）。7人ほど並んでいたが、思いのほかサクサクと進んで、10分ほどで入店できた。入口近くの2人席に座る。750円のランチは①〜⑥まで種類がある。ここは②かな。ちなみに②は「若鶏生姜焼ランチ」で、11〜3月はカキフライ、それ以外はカニクリームコロッケが付くようだ（カキの時期でもカニクリームコロッケにはできるとのこと）。ライスの大盛りはサービスなので、そうし

てもらう。注文して水を飲みつつ待っていると、まずはスープがやってくる。すぐに飲みたいが、全部そろってからにしようと思い、ここは我慢。かくして他のメニューも登場。おお、これはかなりボリューミーだな。メインにはキャベツの他にマカロニサラダも付いているところがうれしい。

　ではスープから。ネギだけのシンプルなスープだが、飲むと気持ちが落ち着いて実にいいですね。ではメインに。チキンが2枚と、カニクリームコロッケ。まずはチキンから。ナイフで切って食べよう。おお、柔らかいな。やや濃いめの生姜醤油味で強いおかず力。たまらないと思いつつ、ご飯を食べる。ああ、ご飯も柔らかめの炊き具合でおいしいな。…なんだか、自宅で食べるご飯と味が近い。

750円ランチメニューは6種類も
あるので毎日通っても飽きなさそう

そりゃ、自宅と同じ町田で、同じ水を使っているからね（笑）。

さて、今度はカニコロッケ。まずはソースをかけるか。ついでにキャベツにもソースかけてと。野菜用のドレッシングもコロッケ用のタルタルソースもないところが潔くていいですね。衣はカリッと、中身はトロリのご機嫌なカニコロ。これもおかず力があるなと、またしてもご飯をもりもり食べる。そして合間にキャベツとマカロニサラダを食べたのであった。あああ、おいしい。こんなにおいしい店が町田にあってよかったと思いつつ、またしてもスープを飲んだのであった。

（2016年5月）

神奈川・蒔田

ロッシュ

デミグラソースとフワトロ玉子との最高の組み合わせ

横浜市営地下鉄で蒔田駅に来た。いわゆる横浜南部で、ある意味でここは最も本当のヨコハマ的な地域だ。市営地下鉄と京浜急行は横浜～上大岡の間でだいたい並走していて、その間に大岡川が走っている。この大岡川周辺を私は「横浜の柔らかい下腹部」と呼んでいるが、とてもヨコハマ的でステキな地域だ。蒔田もとても親しみやすく、ナイスな店が多い。さて、この街で某用事があり、それを終わらせた。ちょうど昼時だからご飯を食べて行こう。どこにしようかと思ったが、洋食の『ロシュ』に決めた。神奈川新聞の私の連載「かながわ定食紀行」でも紹介したが、実はその時気になるメニューがあったのだが、まだ食べてなかったので、それをこの機会にクリアしていこう。

以前来たときにも思ったが、おいしそうなオーラ漂う店構えは本当にいい雰囲気。店内に入るといい具合の混み方。でもテーブルは空いていたのでそこに着席。実は「オムライ

ス」がとても気になっていたので今日はそれに。920円。飲み物、デザート付きなので温かいコーヒーにしよう（紅茶も選べる）。水を持ってきたおかみさんにご挨拶して注文。コーヒーはデザートと一緒に食後に持ってきてもらうことにした。洋食では私は盛り合わせランチが一番好きだけど、時々無性にオムライスも食べたくなるんだよね。そんなことを考えていると、サラダと共にオムライス登場。おお、ケチャップライスの上に紡錘上にのっているよ。では、さっそく。玉子の量がとても多くてフワフワトロトロ。タマネギ、マッシュルーム、肉の入ったケチャップライスとデミグラスソースが混然となって、深い「洋食の味」に仕上がっている。いいね。上にかかっているのがケチャップだと、ケチャップが味を完全に支配してしまうが、デミグラスが参戦することにより、味が複雑化し、余韻が出るのだ。いやあ、うまいわ。サラダも付いているので、時折口直しをして、再度深い味わいを楽しめるのもいいね。いわば、定食におけるお新香の役割をサラダがしているわけです。なおかつボリュームたっぷりなのもうれしいですね。もりもり食べ進み、満足のうち

時々なぜか無性に食べたくなってしまう「オムライス」

に完食。

おかみさんにお願いして、ホットコーヒーとデザートを持ってきてもらう。デザートはコーヒーゼリー。コーヒーゼリーを食べつつ、ホットコーヒーを飲むというのもなかなかオツですね。まあ、チャーハンをおかずにご飯を食べるようなものかな、いやちょっと違うなとかくだらないことを考えつつホットコーヒーを飲む。ああ、こってりした洋食の後のコーヒーは格別だ。さらに冷たいコーヒーゼリーもおいしい。意外とコーヒーの「受け」としてコーヒーゼリーはいいんだなと「発見」した蒔田の昼下がりだった。（2017年1月）

神奈川・横浜伊勢佐木町

コトブキ

深みのある辛さがクセになる実力派カレー

ポカポカと暖かい11月の終わり。用事も済んであとはもう帰るだけ。まさにリラックスタイムということで、イセザキをふらふらと歩いて、古本を買おう。『なぎさ書房』を冷やかした後、昼ご飯ということで、洋食の『コトブキ』へ。入店したのは、13時過ぎのちょっと気だるい時間ですね。店内に入ると、いつものようにＡＭラジオがかかっていて、酒を飲むおっさん、ランチを食べるサラリーマンなどさまざまな人間模様。平日だったので、日替わりランチを食べることができるよ。とりあえず４人がけの席に座り、お店の人に「日替わりは何ですか?」と聞くと「カツカレーです」とのこと。そりゃいいやと注文。６４８円。ここは１０８０円の肉と魚のセットがあり、それもボリュームたっぷりでステキなんだよね。私はレバカツとホタテフライのセットが好きなんですよねと思っていると「カツカレー」登場。お新香と里芋の煮物、味噌汁も付いているよ！　お新香が付いているので福神漬がないのがちょいとさみしい。

ではまず味噌汁。おっ、いいね、しじみ汁だよ。いいダシが出ている。これで気持ちが落ち着いたので、カツカレーに着手。やや黄色い懐かしい色のカレー。味付けはやや辛め

で、家カレーに近いところもあるけれど、やはり洋食店のカレーの実力にも満ちている。ルーにタマネギと肉もちゃんと入っていてエライ（カツカレーだと具なしでルーだけという場合もあるので）。そうだ、カツも食べよう。これはサクリと揚がり、肉自体もうまいな。ただでさえおいしいカレーとカツが出会っているのだからおいしくないわけがないよね。「おいしいな」とパクパクと食べ進める。途中お新香も食べよう。これも自家製で、野菜を食べている実感がみなぎる。サラダの代わりを見事に果たしている。そして里芋。ねっとりしたその感触を楽しんで、再びカレーに戻った。

（2014年11月）

※『なぎさ書房』は残念ながら2016年1月末に閉店してしまった。残念。

カツカレーなのにちゃんとルーに具がはいいているのがうれしいですね

長崎

グリルはやしだ

サクッと揚がったカツ+カレーチャーハン+ナポリタン=長崎トルコ

長崎にやって来た。この街に来たからには、やはりトルコライスですね。私はトルコライスの謎をずっと追いかけていて、トルコライスを食べるのがもはやミッションとなっているのだ。特に『かながわ定食紀行』シリーズではいくつも紹介していますね。ちなみに、トルコライスは「長崎トルコ」「大阪トルコ」「京都トルコ」「京浜トルコ」「高知トルコ」などいくつも派閥があり、必ずしも、長崎発祥だけというわけではないのだ。ちなみに、東京・横浜に分布する「京浜トルコ」については、『かながわ定食紀行』の一冊目で論考しているのでそちらもご参考にどうぞ。ちなみに、「長崎トルコ」は「カレー（ピラフ）+とんかつ+ナポリタン」で構成されていることが多く、名前の由来は「カレー=インド、ナポリタン=イタリア、トンカツ=中国で、その中心がトルコだから」とかいろいろ説があります。

さて、長崎を訪れたのは年末。どこの街でも年末は慌ただしい感じがして活気があって、いい雰囲気ですね。市電を大橋で降りる。この街は市電のネットワークがあるから実にいい。街のメリハリもある。降りてしばらく歩くと、あっ、赤いとんがり屋根の『リンガー

ハット』があるな。ついふらふらと入ってちゃんぽんを食べたくなるが(『リンガーハット』はどこで食べてもおいしい。長崎ならなおさらおいしいはず)、ぐっと我慢してもう少し歩く。駅から10分くらいか。目指していた店、『グリルはやしだ』が見えてきた。店は2階なので外の階段を上る。店内はクラシックな感じでステキな定食屋テイストが溢れている。テレビでは「ミヤネ屋」をやっているな。ああ、もう14時か。真ん中辺りに座って、「トルコライス」720円を注文。味噌汁かスープかを選べるので、スープにしてもらう。お茶と水はセルフなので、お茶を自分で汲んでくる。注文後おかみさんが薬味セットを運んできた。カレー店で、福神漬などが入っているアレですね。蓋を開けると、梅干、高菜、昆布が入っている。これはとてもイイサービスだなと、感心していると続々と客が入ってくる。どうやらみなさん、常連みたいで、おかみさんに挨拶をしていてとてもいい感じだ。お客は「久しぶり!」、おかみさんは「今日はビールどうする?」とかね。常連は親しい感じだけれども、私のようなビギナーを排除する雰囲気は全くなく、温かく包み込んでくれていて、その感じがとてもいい。「定食の前に人は平等」の思想はここでも貫かれている。実にいい店だと思っていると、「トルコライス」登場。…これは素晴らしい。カレーチャーハンの上にカツがのって、ソースがかかり、スパと生野菜(キャベツ、ブロッコリー、トマト)が付いている。

ではまずスープから。ワカメとネギのスープでスパイシーな感じ。お吸い物とは違う味わいだ。ではお待ちかねのトルコライスに。まずは上にのったカツから。サクッと揚がっ

付け合せのナポリタンのレベルの高さからもこの店の実力がうかがえます

た薄めのカツ。軽快なおいしさだ。続けてカレーチャーハン。炒め方はやさしい感じで、パラリ系としっとり系の中間あたり。具は玉子とグリンピース。玉子のやさしさとグリンピースの歯触りがイイ。おいしいなあと食べ進み、途中で薬味もいただく。普段は梅干を食べないが、今回はいただいてみると、よく漬かってはいるが、あまり酸っぱくはなく、私の好きなタイプ。これは健康になれそうな梅干だ。高菜も昆布もいただいて食べ進め、一番最後にスパが残った。巻き上げて配置されているが、見た目よりも実はかなりの量がある。食べると、コシのある太いスパ。食べごたえが実にあるなあ。たいてい、おいしいトンカツ店や洋食店の付け合わせのスパはおいしいけど、ここもまさにそうだったと深く納得して、スパをモガモガと食べたのであった。

（2016年12月）

第3章
みんな大好き 生姜焼き定食

「みんな大好き生姜焼き定食」

私が非常に影響を受けた文春文庫『B級グルメ』シリーズ。その一冊『B級グルメの基礎知識』冒頭企画が「ブタ肉の生姜焼アッと驚く基礎知識」だった。ここでは、生姜焼きをA「ブタ肉（主としてバラ）をシンプルに焼く」、B「バラ肉と野菜を炒める」、C「鉄板プレート」系に分けていた。私もいつか、この定食界のスター、生姜焼きをまとめて紹介したいと思っていた。ついにそれが実現しました（笑）。ちなみに今回は、食べた店をタイプ別にご紹介します。

in 焼き鳥屋

東京・高田馬場

鳥やす支店

甘みがやや強いタレで焼かれた肉の圧倒的なボリューム！

最初は高田馬場から。高田馬場には生姜焼き定食が食べられる店が多い。定食屋『一膳』とどちらにしようか迷ったが、今回は焼鳥屋『鳥やす支店』からいってみよう。ここは拙著でも何度も登場しているお馴染の店ですね。

土曜日の12時40分に店に到着。おっ、土曜なのにランチをやっていてエライな。昼はここは券売機なので、「生姜焼き定食」のチケットを買う。650円。安いな。『鳥やす』は長年通っているが、いつも食べるのは「鮭もしくは鯖＋もつ煮定食」700円か「肉皿定食」650円で、「生姜焼き定食」は初めてだ。店内に入り、カウンターの真ん中辺りに座る。オヤッさんに挨拶して（「高田馬場」〈P46〉のところで記したが、先日NHKの取材で協力してもらったのだ）、チケットを渡す。水はセルフなので自分でコップに注いで飲んでいると、すぐに蓋付きのちゃんこ汁がやってくる。今すぐ蓋を取って飲みたくなるが、全体の写真を撮るまで我慢。が、それほど待たずに、おかずとご飯が登場。ここはご飯の上におかずの皿をのっけた形でやってくるんだよね。

まずはおかずの皿を取って、ご飯と並べて、ちゃんこ汁の蓋を取る。さて飲むぞ。ちゃんこ汁はこの店の名物で、つくねとワカメが入っている。いいお出汁が出ていてとてもおいしいんだよね。では生姜焼きに。…これはもう、誰が見ても量が多い。ご飯の量も多いけれど、間違いなく、肉の量が多い。早速肉を食べると、甘みがやや強いタレと、やや歯ごたえのある食感。タマネギはよく炒めて甘みが出ているけれど、シャキシャキ感も残っていて、一緒に食べると、果てしないおかず力。『鳥やす』は、焼鳥屋なの

「焼き鳥屋」だけあって焼き物のレベルの高さは知っていましたが、
炒め物もかなりの高レベルでした

で、「焼き物」系は抜群のおいしさだけれども、炒め物もとても素晴らしいのだな。そして、おかずを受け止めるご飯もおいしいんだよね。食べ進めていると、みるみるご飯が減っていくので、お代わりをしたくなるが、ここでお代わりを頼んでしまうと、間違いなく肉を食べきれなくなってしまうのでぐっと我慢。…案の定、ご飯が先に終わってしまったので、後半は肉をバクバクと食べ進む。…ああうまい。うまいけれど、ビールと共に食べるとこれはさらにおいしい気がする。この後、用事があるので、いくら土曜日とは言え、飲むわけにはいかないんだよなと思いつつ、白いドレッシングのかかったキャベツもシャキシャキと食べたのであった。

（2017年9月）

in 中華料理屋

東京・渋谷

兆楽

タレの辛みと炒めたタマネギの甘みが絡まって絶妙なバランス

2軒目は中華料理屋で生姜焼きを食べよう。渋谷で探すか。渋谷で中華ならやはり『兆楽』かな。井の頭線の渋谷駅そばにある。黄色い看板が目印ですね。「渋谷駅」（P12〜）で紹介した『吉野家』のすぐそばですね。この店は注文するとものすごい勢いで出てくるので、移動の途中にパッと食べるのにもとても便利です。

さて、祝日の15時30分に入店したが、店内は結構混んでいる。カウンターに座り、水を持ってきたお兄さんに「豚生姜焼き定食」を注文。820円だが、今週のサービスメニューということで、720円だった。やった！　得したよ。注文するとすかさず、沢庵の刻んだもの、玉子スープ、ご飯がすぐに出てくる。ここまではものすごく早い。「やはり早いな」と水を一口飲むと、もうメインもやってきた（笑）。これが絵に描いたような生姜焼き。輪切りのタマネギ、豚肉、千切りキャベツ、マヨネーズもしっかりついている。このマヨの存在がとても大事ですね。

ではまずスープから。結構キック力のある塩味。飲んだ瞬間「うまい」と思わせる強い

生姜焼きには味の変化を楽しむためにも
マヨネーズが欠かせません

味。繁華街の中華はパンチが大事だからな。ではメインの生姜焼き。肉は比較的大ぶりで、色の濃いタレはやや辛さが際立つ。辛いのでご飯が進む（まあ私はいつもご飯が進むのですがね）。さらにタマネギが輪切りなので、甘みが出てきて、タレの辛味と合わさっていいハーモニー。辛さと甘さのバランス感が絶妙だな。時折、肉にマヨネーズをつけて食べると味がコッテリまろやかになる。マヨがあると味の変化を楽しめていいですね。結構、生姜焼きを頼むと、マヨネーズがついているが、以前はそうではなかった。冒頭に記した『B級グルメの基礎知識』の「生姜焼」記事には、マヨネーズの姿はほとんど見えない。代わりに結構な頻度でポテトサラダが添えられている。ポテトサラダはマヨネーズ味だから、ポテトが省略されてマヨネーズが残ったという可能性もあるかもなぁ。『B級グルメ～』は1989年発行だから、ここ30年弱で変化したのだな。…さて、話を戻してと。当初はご飯の量が少ないかと思ったが、この店も肉の量が多いので、ご飯お代わりまでいくと食べ過ぎになるので止めておこうと沢庵をポリポリと食べる。かくして、ご飯、肉、スープを食べ終え、最後にキャベツ。これをタレとマヨをまぶして食べる。肉のうまみが溶けたタレとマヨの効果は絶大で、この上もないおいしさ。実は生姜焼き定食はこのキャベツが一番おいしいんじゃないかと真剣に考えつつ食べたのであった。

（2017年9月）

in うなぎ屋

東京・国分寺

うな太郎

辛めのタレと豚肉の頼もしさにご飯が進む!!

国分寺に来た。国分寺駅を北口に降りて、武蔵小金井方面にしばらく歩くと早稲田実業があるが、そこに行き着くまでにTSUTAYAや西友やドン・キホーテ系のピカソなどがある。その道沿いにあるのが、『うな太郎』。知人から、この店の生姜焼きがおいしいと聞いてきたのだ。と言うことで、夕方店に行くとまだやっていなかった。時計を見ると17時少し前。夜は17時からの営業のようだ。ということで数分待っ

て入店。一番奥のテーブル席に座らせてもらう。おお、壁掛けテレビでは大相撲をやっているな。とても「夕方」な気分だと思いつつ、「生姜焼き定食」600円を注文。注文後「本日の一品」と記された案内を見ると「イカとネギのぬた」がある。ぬた！　う〜む、私ぬた大好きだし、さらに好きな「イカ」なんて入っちゃったら、もうとてもウズウズしてくる。200円。安い！　ええい、いいや！　「すみません、このぬたもください」とおかみさんに注文。その後カウンターの内部でおやっさんが、ジュージュー音を立てつつ生姜焼きを作り始める。その音を聞いていると、「定食のお新香です」とまずおかみさんが大根の漬物を持ってきてくれる。そして、その後わりとすぐに、味噌汁、生姜焼き、ご飯、そしてぬたが登場。600円＋200円。いや〜、これはステキな組み合わせだ。「マヨネーズ使いますか？」とおかみさんが聞いてくれたので、「はい」ともらって、少しだけ絞って戻す。

では味噌汁から。ワカメと小さな豆腐の味噌汁。いいおダシ。やや熱々。今日は忙しくて昼抜きだったので、はらわたに染み渡るなあ。思わず「はあ〜、うまいわあ」と言ってしまったよ（笑）。生姜焼きは薄切り肉が千切りキャベツの上にのっているタイプ。間違いなく、肉を食べた後のキャベツが宝物のようにおいしいぞと予感しつつ、まず肉から。やや辛めのタレと豚肉の頼もしさで素晴らしい！　すかさずご飯をかきこむ。いい炊き加減だ。そもそもこの店、うなぎ屋なのだが、こりゃうなぎもきっと間違いないだろう、これだけ米がおいしいもの！　…と、感動しつつ食べ進め、お代わりをしたくなるが、最近

肉ももちろんですが、米が最高でした。この米で食べるうなぎはきっと間違いないはず!!

ご飯を食べ過ぎたせいか、代謝が悪くなっているのか、やや太ってきたのと、この後一仕事あるので、少し我慢。ぬたもあるしね。あ、肉にマヨネーズをつけて食べよう。…やはりまろやかになっておいしさが新次元に入ったよ。かくして肉と米を食べ終え、キャベツ。肉のエキスとタレでややクタッとしたキャベツ。繊細なキャベツの刻み方もいい。食べると、もう最高のシャキシャキ感。いい!! しかし、実はこの後、本日のお楽しみの「ぬた」がある。イカを小さく刻んだのと、ネギを茹でて酢味噌であえた「ぬた」。くたっとしつつもシャリシャリ感を残したネギとイカの潮の香り、そして甘酸っぱい酢味噌のスバらしいハーモニー。かつて東海林さだお先生と対談したとき、「ぬたが好きです」と言ったら、先生に「クライね」と言われたことを思い出した。いいや、クラくても(笑)。ああ、うまかった。会計時におかみさんに「おいしかった。特にぬたが」と言うと、「飲むかと思いました」と。「いや、これから一仕事があるので、またぜひ今度！」との私の返答に「ではまたお待ちしてますから！」と笑顔で返してくれたおかみさんであった。いい店だよ、ここ。今度はうなぎ食べよう。

（２０１７年９月）

in とんかつ屋

東京・新小岩

かつ善

分厚い肉に甘辛タレがコーティングされ、ソテー的なおいしさ

新小岩にやって来た。江戸川区の中央図書館で定食の講演会を頼まれたからだ。講演は14時から。12時30分に到着したので、ここで昼ご飯を食べよう。実は講演会は昨年も頼まれていて、そのときに「あたり」をつけておいた店があるのでそこに行こう。そのお店とは北口にある『かつ善』。店の前に立つと、もう見るからにステキなとんかつ屋さんですね。祝日だけど、ランチをやっていて、とてもエライ。店に入るとほぼ満員。人気のお店なんですね。たまたま手前の2人席が空いたのでそこに座り、メニューを見る。ああ、「選べるミックスフライ」（いろいろ選べるのだ。２つなら８５０円、３つなら１０５０円）を食べたいが、この店には「生姜焼き定食」があるので、それにしよう。

950円。お店の人に注文。この店はご飯のお代わりが半ライスで50円、普通ライスが100円というシステムなんだね。メニューに「シニア向けヒレかつ1200円」「シニア向けロースかつ1100円」なんていうのがあるのが面白いな。机の上には、ソース、ドレッシング、そしてゴマ塩もあるね。そのように観察をしていると、定食登場。冷奴も付いているよ。肉は大きく、テカテカしていて、おいしそう。

まずは味噌汁。油揚げ、青菜、ワカメ、そしてエノキダケ。ワカメとエノキからか、ぬめりが出ていて、コクもあって奥深い味わい。続けてメインの生姜焼き。やや歯ごたえがあるが、味わい深い豚肉。これは良い肉だ！　そして甘辛のタレが分厚い肉にコーティングされていて、ソテー的なおいしさ。胡麻のプチプチもいい。受け止めるご飯もやや硬めに炊かれていて、サクサク食べられる。量は少なくなかったが、あまりのおいしさに、もうお代わり前提で食べ進めよう（笑）。半ライスは50円だしね。そう思うと、心に余裕ができた。途中漬物も食べる。ピリ辛甘酢の大根と白菜！　いやあ、漬物も味噌汁も一手間

メインの生姜焼きだけでなく、漬物も味噌汁も一手間かけていて、
実にいいお店を発見できました

かけていて。実にいい店だ、ここは。何よりも生姜焼きがうまいわ。ただ、タレのコーティングが強いので、肉のエキスはキャベツにはあまり浸透しない。その代わりに、この店には特製ドレッシングがあるので、それをかけて食べる。これもいい味。…さて、ご飯がなくなったので、半ライスをもらう。…あ、やはり予想通り、ご飯は普通盛りだよ。この店の誠実さから考えると、そうなるかなと思っていたらそうだった。ありがたく2杯目を肉でもりもりと食べ、満足のうちに完食したのだった。今度は揚げ物を食べに来よう！

追記…講演会に参加した方から、ステキな魚定食の店の情報をお聞きしたが、今回は間に合いませんでした。また調査しますのでしばしお待ちを。ありがとうございました。

（2017年10月）

in ダーツバー

東京・恵比寿 Suree

それほど濃くなく、やさしく味付けされた絶品豚肉！

時どき昼ご飯を買いにいく弁当屋『かまどや』の2階にあるのが『Ｓｕｒｅｅ』。夜はバー、それもダーツができるオシャレバーなのだが、昼はステキなランチをやっている。「淡路島カレー」（５８０円〜）や６８０円均一のランチがある。このランチはご飯と味噌汁はお代わり自由というのがまた素晴らしい。かくして、店に入ったのが14時30分。店内には数人客がいる。窓際のテーブル席に座る。この店は喫煙可なので、テーブルの上には灰皿もあります。お兄さんに「生姜焼き定食」を注文して、水を飲み、壁掛けテレビを見ているとわりと素早く定食登場。こりゃなんともボリューミーだな。オシャレな雰囲気のお店だから全体的に量は少なめなんじゃないかと勝手に想像してしまってました。

まずは味噌汁から。ワカメが具のダシの輪郭がくっきりとした味噌汁。いいね。続けて、メイン。豚肉は大きめ、タマネギも一緒に炒めてあり、ゴマが振られている。生野菜（トマト、キャベツ）、そしてたっぷりとマヨネーズが添えられている。まず肉を食べるとプチプチとゴマの香とやや歯ごたえのあるタイプ。味付けはそんなに濃くはないが、やさしくおかずになる感じ。受け止めるご飯がおいしいな。この店、バーだけれど、ご飯や味噌

オシャレな店内からは想像できない
"The男飯"！　ランチはご飯と味噌汁
はお代わり自由という太っ腹さ

汁がおいしいのでとても信用ができますね。…さて、そろそろ肉にマヨをつけてみよう。この店はマヨがたっぷり添えられているので躊躇なく存分につけられるな。…おお、やはりコクが出ておかず力も格段にアップ。猛然とご飯を食べ進めたのでご飯がなくなった。席を立ち、カウンターにいるお兄さんにお代わりをもらう。「どのくらいですか？」とご飯のジャーを開けたお兄さんに「普通で」とお願いする。ところが大盛りになって返ってくる（笑）。ご飯や味噌汁の誠実さから考えると、この気前の良さは予定調和ですね。かくして、2杯目のご飯も食べ終わり、トマトも食べ、最後にタレとマヨネーズを絡めてキャベツを食べ、「やはりこれが一番！」と渋谷『兆楽』と同じ感想を抱きつつ最後の水を飲んだのであった。

（2017年9月）

in 学食

東京・白山

東洋大学『Deli&café』

カフェ飯スタイルのボリューム満点学食ランチ!

白山にある東洋大学に来た。用事が終わったので食事をしていこう。この大学は学食がとても充実しているからね。今回は6号館下の食堂に行ってみようか。14時くらいに訪れる。この時間でも学生が多いなあ。ここはいろいろな店が入っている。おお、手前の『Ｄｅｌｉ＆Ｃａｆé』という店で、ランチメニューのFセットが「豚バラ肉の生姜焼き」じゃないか。これだなと決めて、券売機でチケットを買う。この店では前菜を3種類選べて、さらにドリンクも付いている。エライなあ。レギュラーが５００円で、大盛りが５３０円。お腹が空いていたので、大盛りにしよう。チケットを券売機で買って、カウンターでお姉さんにチケットを渡すと、ここで前菜を3つ選べと。おお、いろいろ並んでいるな。ちょうど秋らしく、「かぼちゃのイタリア風マリネ」、「ライスコロッケ」、そして「イタリア風オムレツ」にしよう。なんだかヘビーなものばかり選んでしまったな(笑)。続けてドリンクはアイスコーヒーにしようか。注文が終了すると、さきほどの前菜の皿とは別の大皿におやっさんがライスを大盛りによそい、その上から生姜焼きをドバっ！　あ、ご飯とおかずが一緒の皿だったん

今回野菜は「かぼちゃのイタリア風マリネ」で摂取しました

だね。いわゆるカフェ飯スタイルなんですね。だからこの店内なのだと納得。それにしてもスゴイボリューム。大盛りにしなくてもよかったかな。しかしまあ多いことはうれしいことなので頑張って食べよう。最近代謝が悪いんだけどなとかおっさん的な心の中の呟きをしつつ、近場のテーブルに座り食べることに。あ、水ももらって来よう。カウンターに戻りさきほどのお姉さんに水をもらう。再び着席してでは食べよう。

まずは生姜焼きライス。甘辛のタレにたっぷりの豚バラとタマネギ。これはもうバクバクと食べちゃいますね。どこか懐かしい、学食的な親しみやすい味。ともかく量が多い。ご飯も学食レベル。ともかく頑張って食べる。…あ、前菜も食べなくちゃ。まずはかぼちゃ。ホクホクおいしい。秋がやってきた感じだ。続けてライスコロッケ。あ、ご飯がダブってしまった（笑）。コロッケの中はトマトライス。衣はカリッとしてなかなかのおいしさ。

ここで再び生姜焼きライスに戻り、なんとか完食。はあはあ。ああ、オムレツもあったな。これはスパニッシュオムレツのようで、中にはコーンやグリーンピースなど野菜がいっぱい入っている。総じて栄養バランスがいいが、前菜も多く、もうお腹はいっぱい。苦しい。さて、食後にアイスコーヒー。あ、さっぱり。なんだか達成感があるな。ちょっと甘みも欲しいとガムシロップとミルクを入れたのであった。（2017年10月）

in 牛丼チェーン

東京・祐天寺

松屋

鉄板で炒めているので、香ばしくスパイシーな味わいが特徴！

本書担当のシバタさんは、『やよい軒』で定食を食べていたとき、店内にいた客の多くが「生姜焼き定食」を食べているのを見て、衝撃を受けたそうだ。「いやあ、やっぱり生姜焼きって人気あるんですね」と言うこともあって、本コーナーが成立したということもある（笑）。その筋から考えると、チェーン系代表としては『やよい軒』を紹介すべきだったが、個人的に一番肉系定食を食べているのは、『松屋』なので、今回はこちらを紹介します。ちなみに、私は『やよい軒』では「サバ塩」か「サバ味噌」派ですね。あ、「生姜焼き」と同様に、すべて630円と、『やよい軒』定食系最安値ゾーンなのですね、この3メニューは。

『松屋』の定食は野菜も採れて
バランス的にも文句なし!

…さて、『松屋』に話を戻して。東横線祐天寺駅の駅前の店に入る。「豚バラ生姜焼定食」は590円だが、今はアプリのクーポンで50円引き。結構「踊らされ」ますね(笑)。アプリでQRコードを出して、券売機で購入。カウンターに座って、チケットを出して、水を飲みつつしばし待つ。まず生野菜が先に来て、メイン、味噌汁、ライスがやってくる。よしよし。まずはご飯に紅生姜を少しもらい、生野菜にごまドレッシングをかけて準備完了。

まずは味噌汁。ワカメと油揚げの味噌汁で、牛丼チェーン系の中では最もおいしい。というより、チェーン系全体の中でもこの味噌汁はかなり上位に位置すると思う。油揚げから出るコクと味噌の塩梅がとてもいいですね。続けてメイン。平たいお皿に、タマネギと豚バラ肉。肉は『松屋』特有の薄い肉。これを鉄板で炒めているので、とても香ばしいし、肉を食べた満足感が高いんだよね。さらに、結構生姜が効いていて、スパイシーな味わい。味付けもわりと濃いので、ご飯はもりもり食べてしまいますね。そして『松屋』は生野菜もおいしい。今はムラサキキャベツがトッピングだが、以前はコーンだった。個人的にはあのコーンの甘さが生野菜の完成度を高めていたので、いつの日か元に戻るといいなと思いつつ、よく焼けたバラ肉を食べたのであった。

(2017年9月)

第4章

安定の美味しさ チェーン系 定食屋&中華屋

「安定の美味しさ　チェーン系定食屋&中華屋」

日常生活のなかでは名店、個人店ばかり行っているわけではなく、チェーン店の比率もとても高い。この章では、そんなチェーン系の定食屋と中華屋をまとめます。また、いつもいぶし銀のような定食道だけに邁進しているわけではなく、オシャレ系の店も訪れているので、それも以下でご紹介します。まあ、オシャレ系に行っても大体はガッツリと食べているんだけどね（笑）。

埼玉・さいたま新都心

かっぽうぎ

脂がのったサンマとバラエティに富んだ小鉢が充実したお得なランチ

さいたま新都心駅にやって来た。こりゃスゴイ。まったく新しい街が登場している。駅前は、デッカい空間で、なんとも開放感があるな。これから用事があるので、その前に腹ごしらえをしておかねばならない。これだけ巨大な駅だと恐ら

く、駅ビル及び周辺にはいくつも飲食店があるだろう。西口方面に行くと、さいたまスーパーアリーナがあり、そっちの方にはきっと新しい系・値段も高い系が多いだろうと推測する。このあたりは長年いろいろな街をさまよっている「カン」だ。ただ、最近はあんまり高くしすぎると、客が来ないので、いきなり安いチェーン系がどっさりあるということもあるので、あながちこの法則も成り立たない。特に郊外に行くと、安い系もわりと駅ビルの主要なところに入っているのだった。ということで、西口より、東口の方が親しみやすい店がある予感がするので、そちらに出る。あっ、早速『サイゼリヤ』発見！　安くて親しみやすい店の代表例じゃん（笑）。やはり「カン」が当たったかと思っていると、その隣に『かっぽうぎ』という店が。「手作り居酒屋」とあるが、昼は定食を食べられるようだ。ここも確かチェーン店（調べると、『まいどおおきに食堂』などのフジオフードシステムの運営）だが、まだ入ったことがないので、チャレンジしてみよう。

　ここのランチは面白くて、メインが1つと小鉢を2つ選べるとのこと。へえ、いいねと思いつつ入店。ここは最初にレジで前金。700円を払う。メインのおかずはハンバーグ、サンマ、唐揚げ。「種類が少なくなってごめんなさいね」

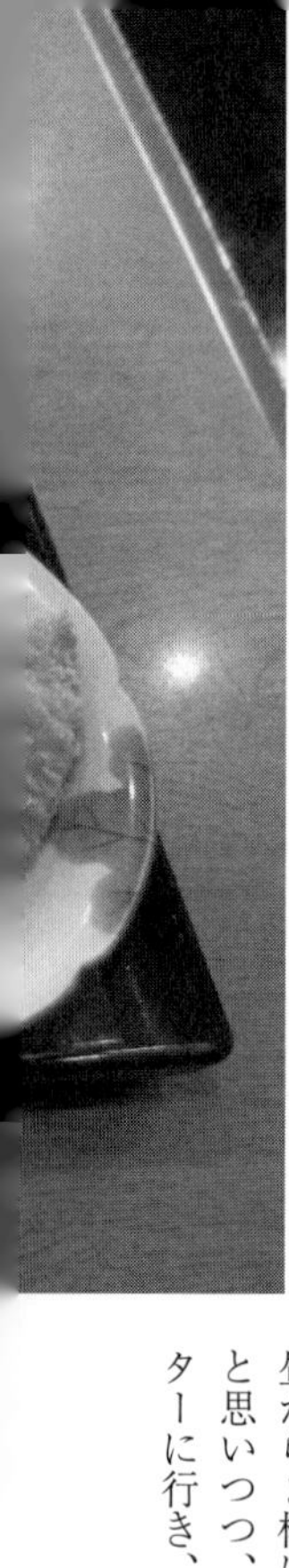

とお店の人。なんだか優しくていいね。ここはサンマだな。さて、小鉢はどうするか？ポテサラとキンピラのどちらかで迷ったが、まず1つ目はキンピラ。そしてもう1つは「唐揚げ、虱魚、玉子焼き」の盛り合わせ。続けてご飯と味噌汁をいただく。ご飯と味噌汁はお代わりができるそうだ。いいね。柴漬けもあったのでそれももらい、お茶も汲んで、入口近くのテーブル席に座る。…あ、隣のおじさんが料理を温めてもらっている。そうか、お願いすればできるのか。私もサンマを温めてもらう。

…では食べよう。まず味噌汁。具はワカメというシンプルな味噌汁。もうね、飲んで気持ちを静めるのですよ、味噌汁はね。続けてサンマ。こちらは皮がパリパリ、身はしっとり。振ってある塩もいい塩梅（まさに塩梅！）で、おいしいなあ。脂ものっているよ。続けて白身魚フライ、唐揚げにソースをかけて食べる。これも温めてもらえばよかったかなと思う。しかし、揚げ物、焼き魚、玉子焼きと豪華な昼ご飯になったなと、ご飯を1杯食べ終え、お代わりをしにカウンターのところにいく。お姉さんに「大盛りにして下さい」というと、「何杯でもお代わりできますよ」とニコリ。なんだか励まされたようで、普通盛りでもらって席に戻る。キンピラを食べると、細めに切ったゴボウが甘辛く味付けされていて、これがおかずの力が強い。さきほどの唐揚げも食べて、瞬く間に2杯目もなくなる。昼から3杯は食べすぎだと思いつつ、再びカウンターに行き、さきほどの

おかずも充実したランチ。思わず昼から3杯もご飯を食べてしまいました

お姉さんに「半分下さい」と。微笑みつつ半分よりやや多めに盛ってくれたお茶碗を手に席に戻り、玉子焼きと白身魚で3杯目を食べ終える。…く、苦しい。やや食べすぎたが大満足だと思いつつ、最後にお茶をいただいたのであった。

（2017年1月）

3 Little Eggs

東京・町田

オシャレなオムライス専門店の見た目もオシャレな「プレーンオムライス」

町田東急ツインズのレストラン街にオムライスの店ができていた。その名も『3 Little Eggs』。何だか名前からしてすごいオシャレな感じですね。でも、ちょっと気になるな。ということで、休みの日曜日（ヘンな表現だが、私日曜は休みでないことが多いので）、家族で店に入る。

「オムライス専門店」というだけあって、オムライスのいろいろなバージョンがメニューにあるが、私は「プレーンオムライス高リコピントマトのケチャップ添え」にしよう。Sサイズで896円。上の子どもは「ハンバーグのデミグラスオムライス」、下の子どもは「エビフライとカニコロッケのデミグラスオムライス」、妻は「和風の柚子おろしあんかけのオムライス」に決めたみたいだ。早速、注文。持ってきてくれた水にはレモングラス入りでこんなところからしてなかなかオシャレですね。まあ店もとても今っぽくてオシャレです。さて、そのハーブウォーターを飲みつつ待っている

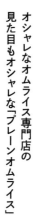

と、オムライスが登場。これはやはりオシャレだ。こんなフォルムのオムライスは初めてだよ。ケチャップをかけて早速食べる。玉子もフワトロ系だが、それほど柔らかか過ぎず、濃厚な味わい。中のケチャップライスの炒め方もとても具合がよくて、酸味の強いケチャップとやさしい玉子の相性もいいな。これは結構なおいしさ。ただ、残念なのは量がやや少ないこと。やっぱりオムライスは「量」が重要ですからね。よし、次回は標準のSサイズではなくて、Mサイズにランクアップしよう。

（2016年12月）

私にとってSサイズはちょっと量的に少なめでした

神奈川・横浜

アロハテーブル

野菜もたっぷり摂取できる
ヘルシーなハワイアンプレート！

年末にGと食事をしようということになった。Gは古い仕事の仲間で、今は別のところで働いている。かつて一緒に取材に行く途中に寄ったことのある横浜ベイクオーターの『アロハテーブル』に行こうかということになった。ここは横浜駅東口でも華やいだ雰囲気のあるところだ。年末だから混んでいるかと思ったが、13時過ぎだったせいもあってか、結構空いていた。窓際の2人席に座る。みなとみらいとヨコハマの海も少しだけ見えてなかなか気持ちがいい。平日だったけれど、年末なのでホリデーランチとなるんだね。何にしようか。Gは「ロコモコ」、私は「モチコチキンプレート」に決めた。ともに税込みで933円。これはハワイ料理で、チキンに餅粉を付けて揚げたものですね。食後にコーヒーも付けよう。+250円。注文して、ダラダラとしゃべる。窓の外から冬の透明な陽の光がさんさんとふりそそいでとても気持ちがいい。海面もキラキラしているなと思っていると、ランチ登場。これはかなりのボリュームだよ。

鳥の揚げたもの（モチコチキン）にライムが挟まり、たっぷりの生野菜サラダ、かぼちゃサラダ、赤大根のピクルス、マカロニサラダと盛りだくさん。さらにご飯はポーションされたものが2つでふりかけがかけられている。見た目もすごい美味しそう。

　まずはモチコチキンから。餅粉のおかげで、クリスピーの上をいくグリスピーとでも言いたくなるようなハードな仕上がり。下味もしっかりついているので味わい深い。ふりかけご飯とともにパクパク食べる。野菜関係が充実しているのもいいね。肉と米に加えて野菜もしっかり食べられるのがハワイ料理のいいところですね。ちなみに、この店はホノルルにも店舗がありますね。

かくして食べ終えて食後のコーヒー。ハワイの砂糖とミルク（これは日本）が付いていたので、砂糖だけ入れてゆったり飲みつつGと話し続ける。…ふと時計を見ると14時30分。…おっと長居をし過ぎた。会計を済ませて、Gとは店の入り口で別れる。互いに「よいお年を」と言い合う。でも、まぶしい陽がさんさんと差し込んでいるシーサイドでそんなこと言っても、なんだかあんまり実感がわかなくて、互いにちょっと笑っちゃったのであった。

（2016年12月）

ハワイ料理は肉と米に加えて野菜もしっかりついているのがいいですね

神奈川・綱島

とり多津

外はサクサク、中はジューシー肉厚のハイクオリティな鳥唐

最近、唐揚げの専門店が増えたな。私の大好きな途中下車駅、東横線・綱島駅にも『とり多津』という店ができて、テイクアウトだけではなく、店内で定食や丼が食べられる。さらに定食はご飯が食べ放題。とてもエライですね。と言うことで、平日の昼過ぎに店に入り、壁に向かったカウンターに座る。唐揚げは味を選べるので、どうやら定番らしい「醤油味もも」に決めた。3個で550円の定食でいいや。座ったところは給水機の隣。水とお代わりご飯はセルフのようなので、とりあえず水を汲んで待っていると、素早く定食登場。ポテトサラダとキャベツ、白菜の漬物も付いているんだね。野菜もしっかり摂れていいですね。

まずは味噌汁。油揚げとワカメの具でしみじみと

唐揚げグランプリ４年連続金賞受賞したというだけあってかなりの高レベル！

したおいしさ。普通でよろしい。続けて唐揚げ。サクサクとクリスピーに揚がっていて実にいい塩梅。お肉自体に弾力があり、とてもジューシー。醤油味もしっかりとついているのでおかずとしての運用度も高く、ご飯もおいしい。ただし、唐揚げ3個の定食にしてしまったので、しっかりと運用し、大事に食べ進め、お代わりも一度して満腹。ああ、おいしかったと会計して店を後にした。

…と、店を後にしてオフィスに戻る。カバンの

中を探すと、メモ帳がない。いつも定食記録を書き留めている大事なメモ帳だ。あ、あの唐揚げ屋に忘れてきたのだ！　最近、とても疲れていて、ぼうっとしていたみたいだ。私にはとても価値のあるものだが、他の人から見たらまったく大したことのないメモ帳だ。もうダメだと思いつつ店に電話をかけると、なんと「ありますよ」とのこと！　ほっ。夜、帰宅時に取りにいく。ああ、夜はテイクアウトだけになるんだ。「すみません、メモ帳を忘れたものですが…」と言うと、お姉さんが奥から袋に入れたメモ帳をくれた。せっかくなので、唐揚げを100グラム買う。「本当にありがとうございます。大事なメモ帳なんです」と言うと、「よかったですね」とお姉さん。「今度から大事にしてくださいね」と笑顔で、唐揚げを渡してくれた。ああ、いい店だ。これからここは頻繁に通うことにしようと思って、店を離れたのだった。

（2017年7月）

たっぷりとのったザーサイを
おかずにご飯は食べました

東京・町田

揚州商人

深みがあり、さっぱりしたおいしさの極上スープが絶品!

日曜日、家族で町田で夕食を食べようということになった。子どもが『揚州商人』に行きたいと。テレビで『揚州商人』の「冷やしタンタン麺」を紹介していたそうで、気になっていたんだとか。へえ。それじゃあということで、家族4名で『揚州商人』に入る。夕食には少し早い17時なのでまだ空いていた。良かった。4人席に座る。店内は昔の中国の食堂のような雰囲気で、私は結構好きだ。さて何を食べようか。メニューを見て、「冷やしタンタン麺」を食べると決めていた子どもとは別のもう1人の子どもは「パーコー麺」、妻は「揚州炒飯」、私は「塩ラーメン」690円とライス100円にしよう。麺は、細（柳麺）、中（揚州麺）、極太（刀

切麺）を選べるので、極太で。注文。あ、クーポンが3枚あったんだ。それで「餃子」、「皿蝦ワンタン」、「杏仁豆腐」をもらうことに。ジャスミン茶を飲みつつ待っていると、ほどなく続々と登場。私の塩ラーメンとライスもやってきた。久しぶりだな、ここでご飯を食べるのは。かつてはよくこの塩ラーメン食べていたな。私はこれが結構好きなのだ。具は、チャーシュー、ほうれん草、味玉、メンマ、ネギと盛りだくさん。そしてライスの上にはたっぷりとザーサイがのっていていい感じ。

最初にレンゲでスープをよくかき回した後、一口飲む。鶏ガラベースという塩スープはコクと深みがあり、なかなかおいしい。麺は刀切麺で、ラーメンよりうどんに近い太さ。歯ごたえ、食べごたえがある。このラーメンは、麺をおかずとして食べるより、麺＋スープで完結しているので、とりあえず麺を食べてしまい、その後スープを飲みつつご飯を食べる。というのも、ご飯にはザーサイがたっぷりのっていて、これが油具合、柔らかさ、味の濃さが実に絶妙で、強いおかず力を発揮しているからと言うこともある。「『揚州商人』、結構いいなあ」と思いつつ、味玉を食べる。黄身にまで味が染みこんでいておいしいなあ。メンマはやや硬め、チャーシューはとても柔らかくておいしい。その他、クーポンでもらった餃子や皿蝦ワンタンなども少し食べて、ものすごく満腹になった。ああ、満足。ふと見渡すと、いつしか店は満員に。我々のように家族で食事の人もいれば、軽い飲み会のおじいさんチーム、女子2人で食べにきている人も、多様な人々に愛されているんですね。『揚州商人』。また来よう。

（2017年6月）

東京・錦糸町

大阪王将

ふわふわとろりとした玉子に包まれた、やさしい味わいの「天津飯」

錦糸町駅はよく行くが、四ツ目通りの押上方面にはあまり行く機会がない。

たまたま途中に用事があったので歩いていると、『オリナス』というショッピングモールがあった。おお、これは中にフードコートがありそうだなと思って、入ったらやはり3階にありました。今日はチェーン店でぼんやり食べたいなと思っていたので、そうい

う時にフードコートは最適ですね。平日の14時直前だったので、それほど混んではいない。近所に住んでいるらしいママさんたちが多いな。フードコートには『丸亀製麺』、『ペッパーランチ』、『リンガーハット』など定番のチェーンが揃っているが、なんとなく中華な気分だったので、『大阪王将』で「ふわとろ天津飯」390円と「餃子」210円にしよう。今日は火曜日なので餃子は50円引きで260円から210円だそうです。いいね。注文と同時に呼び出し機械を渡されたので、しばし席で待機。この間に水を汲んでおこうと用意していると、機械がブーブーなったので、取りに行く。餃子は袋に入ったタレが付いている。でも辛みはないので、カウンターでラー油だけもらっていこう。では食べるか。

見た目のその名の通り"ふわとろ"感を醸し出している「天津飯」

天津飯はその名の通り、フワフワトロリで、「あん」がたっぷり。スープが欲しいところだが、これだけ「あん」が入っているからいいか。ご飯＋玉子＋あん＋ゴマのシンプルな天津飯だが、スルスルと飲み物のように食べられる。ああ、やさしい味わい。これは体が弱っているときに最適な食べ物なんだよね。では餃子。皮はパリッとしていて、中はニンニク強めのパワフルなおいしさ。このセットで合計600円ならなかなかいいよね。

（2016年9月）

東京・新桜台

らぁめん花月

濃厚こってりスープのラーメンとニンニク豚めしでエネルギー補給バッチリ!!

新桜台に来た。ここはほとんど来ない駅だし、見渡してもあまり食事ができる場所がなさそうだなあ。あ、『らぁめん花月』がある。ちょうど「ニンニク豚めし」（290円）がタダになるクーポンを持っているので、ここで食べて行こうと入店。初めてだな、このチエーンは。まずは券売機でチケットを買おう。やはり基本の「嵐げんこつらあめん」680円にしてチケット購入。カウンターに座り、チケットとクーポンを出す。ラーメン屋は最近サイドメニューのご飯ものが充実しているので、定食屋的に使用できるなとか考えていると、わりと素早くラーメン、続けて豚めし登場。こりゃなんとも今風な立派なラーメン。スープの表面は脂でピカピカしているな。具はチャーシュー2枚、メンマ、ネギ、海苔、ゆで玉子。

まずはレンゲで天地返し。スープからいただこう。やはり脂コッテリ、味も濃く、飲んだ瞬間から口の中で「おいしいでしょう?」と主張するタイプだ。それほど太くはない麺はいい歯ごたえ。いやあ、食べていると元気に直結しそうな味だよ。続けて豚めし。刻んだチャーシューとネギ、そして炙ったニンニクが入り、食べると、これまたすさまじく力が出そうな味わい。

ラーメンと豚めし、それぞれが「うまさ」を主張してくる一品

チャーシューの頼もしさとネギもシャキシャキ、そして濃厚なタレでこれまた主張ある一品だな。これ、ラーメンの受け手というより、独立した味わいの食べ物ですね。いや、むしろ私としては、この豚めしをおかずにご飯を食べたいくらいだ(笑)。ラーメンもおいしい、この豚めしもおいしいし、双方食べると、スタミナがついていいんだけど、おっさんたる私が毎日食べると鼻血が出そうだなと思いつつ、メンマをかじった。あ、メンマもチャーシューもいい味わいで、そのあたりも、この店はとてもしっかりしていますね。

(2016年2月)

神奈川・元住吉

せい家

おっさんが食べたい〝三種の神器〟が揃った「ラーメンセット」

東横線の元住吉駅も途中下車をしばしする駅。ここで特急の通過待ちで止まることも多いからですね。今回も移動途中にこの駅で昼ご飯を食べていこう。昼と言っても、前の用事が午前からずっと続いたのでもう16時前だよ。ああ、お腹が空いた。さらに今日は寒いので、温かいラーメンが食べたい。となると、『せい家』か。同店はブレーメン通り半ばにあるので、入店。こんな時間なのに結構混んでいるな。カウンターに座り、「ラーメンセット」600円を注文。麺の太さを選べるので、太麺をチョイス。太麺は時間が少しかかそうので、水を飲みつつ待っていると、そんなに時間がかからず、ラーメン、ライス、餃子（3個）のセットが登場。これで600円はとても安いですね。

「せい家」の醤油とんこつスープはコク、脂分、濃さともに抜群!

ラーメンには海苔が3枚、チャーシュー、ほうれん草がトッピングされている。まずは海苔1枚をスープに浸して、ご飯の上にのっけて準備完了。その後、ラーメンのスープと麺を混ぜて、スープから。醤油とんこつの安定したおいしさ。コク、脂分、濃さともに抜群。チェーン系ラーメンの中でもここのスープは抜群においしいよ。続けて太麺を食べる。太くて食べごたえがあり、スープとよく合うなあ。

では先ほど準備をしておいた海苔のせご飯も食べよう。ラーメンもおいしいけど、私はこれが一番好きかもしれない（笑）。白米至上主義者の私だけれども、スープに浸したご飯と海苔の一体感は最上級のおいしさだよね。おまけに今日は餃子まである。シンプルでクセのないオーソドックスな味わいの餃子だけれども、「ラーメン＋ご飯＋餃子」という、おっさんが食べたい3つがそろったこのメニューが600円で食べられるなんてなんて幸せだろうと思いつつ、ほうれん草を食べたのであった。ほうれん草のおかげで野菜貯金もできている（気がする）しね（笑）。

（2016年12月）

茨城・つくば

ミスタードーナツ

できたてアツアツの本格チャイナをドーナツと一緒に堪能！

はるばる、つくばまでやって来て、夕方に用事が終わった。これまた古い仲間のホンゴーさんと同行していた。ちょっと用事の打ち合わせをしようとなり、どこか落ち着ける場所を探すと駅前のショッピングセンターの中に『ミスタードーナツ』がある。いいじゃん、ここで。

入店してまず席を確保する。私はご飯を食べていないので飲茶を食べよう。麺はいろいろとあるが、「海老あんかけ野菜麺」で、チャーハンとコーヒーの付いたセットにしよう。750円。これに食後のデザートとしてハニーディップのドーナツ108円を付けよう。合わせて858円。ラーメンは時間がかかるそうなので、とりあえず、ドーナツ、コーヒー、チャーハンと番号札を渡されたので、着席してホンゴーさんと打ち合わせる。ちなみにホンゴーさんはコーヒーとドーナツだけだ。おお、わりと素早くラーメンがきたよ。エビが2尾と白菜、キクラゲ、タケノコとか結構いろんな具が入っている。

では早速。とろみがあるあんかけスープはあっさりと優しい塩味。麺はわりと柔らかめだが予想以上にたっぷりと入っている。エビはプリッとしていて、コリコリした食感のキクラゲ、タケノコもいいアクセント。これはいいね。続けてチャーハン。玉子、ネギ、エビ、チャーシューが入っていて素朴においしい。本格的な中華料理店のものとは違うけれど、これはこれでとてもいいですよ。パラリ系の炒め方だし、具も多めに入っているのもうれしい。『ミスド』の飲茶は、とてもバランスがよくおだやかな味なので、特に女子には人気だが、おっさんが食べてもおいしい（笑）。さらに食後にはドーナツもあるし。これが作り立てのふわふわ生地のハニーディップでとてもうれしい。コー

食後にデザートとして作りたてのドーナツを食べられるのがいいですね

ヒーもお代わりできるしね。本格的な中華料理店には、ドーナツもコーヒーもないから、やはり両方食べられる『ミスド』はいい。店のカジュアルで明るい感じも大好きだ。

ホンゴーさんと、雑談としてコーヒーショップの話になる。「私は『スタバ』より『ミスド』派です」とホンゴーさんに宣言したら、「私も『ミスド』は好きだよ」とやさしく相槌を打ってくれ、「で、打ち合わせに戻りましょう」と軌道修正をしてくれたのであった（笑）。ありがとう、ホンゴーさん。

（2017年1月）

第5章

全国名店食べ歩き

北から南へ定食漫遊

「北から南へ定食漫遊　全国名店食べ歩き」

北は札幌から、南は長崎まで。２０１５年から２０１７年の足掛け３年間の間で訪れた全国のスバらしい店の数々を紹介します。最近は、特に私の「定食センサー」は磨きがかかったようで、関東、地方ともに名店に出会う確率が高くなってきた。まあ、事前に知人に教えてもらった店や、以前訪れたけれど、再度おススメしたい店も掲載したんですけど…（笑）。

北海道・札幌

クラーク亭

北大生ご用達レストランの巨大〝二重構造〟チキンカツ！

札幌に来ている。昼間の用事が終わり、後は自由時間。さあおいしいものでも食べに行こう。残念ながらシトシトと雨が降っているが、大通りの辺りから、北海道大学のそばまで歩いてきた。結構歩き甲斐があったよ（笑）。やはり札幌に来たからには、北大近くの定食屋さんで食べたい。普通の観光

客なら、北海道というと海鮮やらラーメンやらになるのだろうが、〝定食評論家〟としては、やはり定食、それも豊穣な学生食堂文化の聖地であるのが北大のそばなんですね（やっていることはずっと変わらない）。…ということで、今回行ってみたいと決めていたのが『クラーク亭』。名前も札幌らしくていいですね。有名な洋食系の店だが、まだここで食べたことがなかったんだよね。ということで、20時50分に入店すると、結構な客の数。ヤングな大学生たちがモリモリと食べたり、食事を終えてマンガを読んでいたりしている。壁にはマンガがびっしり並んでいるよ。2人用の席に座り、何にしようかと考える。やはり「チキンカツ」だな。ライスの大盛りは無料サービスとのことなので、そうしてもらおう。760円。通りかかったお姉さんに注文。この店は食事をしたら、ドリンクバーが180円となるが、その有効時間は3時間とのこと。3時間…。あ、そうか、学生たちは、食事をした後、ドリンクを飲みつつマンガを楽しむことができるわけで、その限界が3時間ということなんですね。…3時間て、なんだか許容範囲が広いなあ（笑）。さらにメニューを見ていると、デザートの種類もいろいろとあり、なかでもカップソフトクリームが心惹かれるな。食事をした人は150円。いいね。これはぜひ食後に食べようと考えていると、チキンカツ登場。…デ、デカい。北大そばの店を軽く見ていた。すみません。では付いていた器にソースを入れ、レモンをカツに軽く絞って準備完了。

ではまずスープから。玉子、ベーコンの優しい味のスープ。いやぁ、おいしいなあ。ではメインに。ご飯は大盛りでとても多いのに、チキンカツが二重になっていて、すごいボリュームなので、何だかご飯が少なく見えてしまう。それにしてもこのチキンカツ二重構造って、どこかで見たことあるな…？　そうだ、京都大学そばの名店『ハイライト』だ。学生街の食事って、似てくるところもあるんだね（会計時にお店の人に、「京都の『ハイライト』と似た構造のチキンカツですね」と言うと、「そうなんですか？　まったく知らなかった」と驚いてました。そりゃそうか）。

　さて、ソースをつけて辛子を塗って、さあ、食べよう。サクッと揚がった衣と、ジューシーなお肉がとてもおいしい。受け止めるご飯の炊き加減もかなりいい。北海道は米もおいしいんだね。あぁ素晴らしいとバクバクと食べ続ける。しかしだ。ご飯を大盛りにしたが、それでもチキンカツの量に比べると明らかに少ない。またお姉さんに「半ライスのお代わりはいくらですか？」と聞くと、「半ライスはなくて、普通のライスが180円で

チキンカツが巨大すぎてご飯とのバランスが全く取れませんでした

す」と。うーむ、この爆発的な量のチキンカツと普通のライスはどう考えても食べられないし、半ライスにしてもらって180円払うのも何だかくやしいし、また食後にソフトクリームを食べるとすれば、ここはご飯を我慢しようと決断して食べ進める。するとやはり、チキンカツ2枚目の半分くらいでご飯が途絶えてしまった（それでもカツを多めに食べたんだけどね）。やむなくチキンカツだけを食べる。揚げたてでサクサクとおいしい。ご飯があるともっといいんだけどなと思いつつ食べ終え、付け合せのキャベツも食べて完食。ではカップソフトにいこうとお姉さんに声をかけたのであった（アイス編はいずれ出版される『スイーツ本』で紹介する予定です）。

（2017年5月）

秋田

ドジャース食堂

直感を信じて立寄ったお店で出会った焼きそばと唐揚げの最強コラボ!!

秋田にやって来た。ここは初めて訪れる県だ。そもそも東北にはこれまでそんなに来たことがないので、見るもの聞くものすべてが珍しいな。今回は秋田空港そばの国際教養大学で用事があり、それが終わったので、夕方に大学から秋田駅までバスで向かう。なんだか広々としていて、空間が大きいなあ。バスは東口に着く。途中に『ドジャース食堂』という、もう名前からして何ともステキそうな食堂があるのが目に入った。佇まいからして、これはもう間違いないだろう。表の看板を見ると定食は500円からと随分と安い。さらにご飯、味噌汁、コーヒーまでお代わりし放題だという。これはステキすぎるなと思いつつ、入店。

お得なキャンペーン中の「唐揚げ定食」550円にしようかと思ったが、「焼きそば」580円が、ものすごくおいしそうな直感があったので、まずこれは決定。そして唐揚げはこの店で「推し」のようなので食べたい。店のお姉さんに単品価格を聞くと、+250円で追加できるし、焼きそばを頼んだら、ご飯も無料で付けられるとのこと。へえ〜。それはいい、「焼きそば唐揚げ定食」になるんだねと、焼きそばと唐揚げの食券を券売機で買って、奥のカウンターに出す。スープもセルフ方式で、中華スープと味噌汁の2種類あるので、せっかくなので両方もらおう。隅っこの席に座る。冷たいウーロン茶もサービスなんだね。本当はチャーハンも気になるところなんだがと思っていると、「焼きそばの方〜」と呼ばれたのでカウンターに取りにいく。一緒のタイミングで唐揚げもできたようだ。おお、お盆には他にお茶碗がのっていて、逆さになっている。これに自分でよそって食べてということらしい。ご飯コーナーで軽めにもらう。焼きそばもあるからね。焼きそばはやはりとてもおいしそう！　自分の直感を信じて良かった。しかも目玉焼きものっているよ。

ではまずは中華スープから。タマネギ、ニンジンの千切りが入っていて、胡椒が効いて

具だくさんの焼きそばをおかずにして結局ご飯3杯も食べてしまった…

いておいしい。味噌汁も。こちらはワカメが具のオーソドックスな味わい。

ではお待ちかねの焼きそば。豚肉、キャベツ、もやし、タマネギ、ニンジンもたっぷり入っていて、太麺でソースが豊かな感じだ。ゴシゴシ太麺と官能的に絡みつくソースが最高！　すごくおいしい。いやー、これをチョイスして本当に良かった。ソースと野菜でおかず力もあるし。ご飯もこれまたい炊き加減。さすがは米どころ、秋田。軽めによそったけれど、あっという間になくなってしまったよ。お代わりをもらおう。…その前に唐揚げを食べよう。これもザックリと揚がっていて、いい唐揚げ。キャベツもたっぷりと付いている（これは後で胡麻ドレッシングをかけて食べた）。かくしてお代わりをもらってきて、もりもりと食べ進む。…いかんな、まだ食べられる（笑）。しかし、焼きそばとご飯3杯は食べすぎだろうと思いつつ、もう1杯食べたのであった。

追記…食後のコーヒーも最高でした。甘味が欲しかったので角砂糖とミルクをたっぷり入れていただいたよ。

（2016年9月）

千葉・本八幡

四季よし

サクッと揚がったチキンカツがメインの見た目も美しい「四季セット」

ＪＲ総武線で本八幡にやって来た。この街は本当にイイ店が多い。千葉の中では抜群じゃないかと思う。『大黒屋』でカツ丼を食べても良かったが、今日は洋食気分だなと思って、これまで何度か足を運んだ『停車場』に行くと、なんと「準備中」…。こりゃ残念だ。とりあえず、近くにある『サイゼリヤ』の一号店（教育記念館）を少し見学して、

辺りを見渡すと斜め前に『四季よし』というお店が。外観はなかなかステキな雰囲気。クラシックな趣を醸し出している。「ちゃんぽん」などもあるが食堂のようだ。ここがいいかな。表の案内で見ると、「四季セット」か「味噌汁セット」が500円。これにご飯大盛りで100円増し。よし、これだなと思って、がらがらと引き戸を開けて店内に入ると、キャラクター系のインストルメンタルがゆったりと流れている。どこに座ってもいいそうなので、奥に座る。さて、「四季セット」は「ご飯、味噌汁、本日のおかず、香物、ミニ甘味」で、「味噌汁セット」は「ご飯、具だくさん味噌汁、本日のおかず、香物、小鉢」。ミニ甘味に惹かれたので「四季セット」大盛りで。600円。寒かったのでお手洗いに行って戻ってくると、すでにセットが登場していた。これは見た目からしてなんとも美しい定食だな。チキンカツは2つ付いているね。

　まずは味噌汁から。ネギ、キャベツ、豆腐、大根入り。キャベツの甘味がじわっと出ているおいしい味噌汁。最近疲れがたまっているせいか、身体に染み渡るな、野菜の滋味が。

　続けてチキンカツに。ソースはウスターと金蝶と2種類ある。珍しいなと金蝶ソースをドボドボかける（実はこのソース、皿うどんによく使用する長崎産のものだった）。…

食べると、とてもサクリと揚がった優しい味わい。柔らかくしっとりとした歯ごたえ。またカツを受け止めるご飯もほどよく柔らかく炊かれていて、いい感じ。ご飯は大盛りにしたけれど、最初は少ないかなと心配していたけど、実は相当たっぷり入っていてうれしい。漬物も大根、キュウリの自家製。自家製というところにこの店の良心がよくわかる。

…かくして食べ終え、甘味のフルーツ寒天を食べようと思ったが、なんとホットコーヒーがプラス100円で追加できるようなので、追加注文。これでも全部で700円！　いやあ大満足だ。フルーツ寒天は、もも、パイン、リンゴのカットフルーツ入りで黒蜜がかかっていて、これまた優しい味わい。寒天＋コーヒーで、これは甘味喫茶のようにもなったと思いつつ、ブラックコーヒーを飲んだのであった。

（2016年10月）

漬物が自家製なのがポイント高いですね。デザートも優しい味わいで大満足!!

東京・蒲田

金春新館

皮はサクサク、中は野菜シャキシャキジューシーな絶品「羽根付き餃子」

四国から妹と甥がやって来た。甥が東京の大学に入学するのだ。それで一人暮らしの準備をするために妹もついて来たというわけだ。一人暮らしを始める場所が大田区なので、それじゃあ、蒲田辺りで食事しよう、蒲田だとやはり餃子だろうということになったのだ。『餃子バンザイ！』で紹介した蒲田の店の中で、『金春新館』をチョイス。ここは何だかアットホームな感じで落ち着くんだよね。ということで、妹と甥と蒲田駅前で待ち合わせをして、店を訪れる。ちょうど土曜だったのでわりと混んでいたが、２階の座敷が空いていたのでそちらに。すっかり大きくなった甥を見て、何だかしみじみと過去の自分を思い出す。私もこうやって母親と上京して一人暮らしを始めたな。あれは１９８６年だから…え？　なんとあれから31年も経っているのか！　時の流れは恐ろしいと思いつつ、まずは「羽根付き餃子」を４人前（一人前は３２０円。税抜。以下も同じ）、「酢豚」８００円、「蒸し餃子」３８０円、「豚肉・きくらげと玉子の炒め」６００円など次々と注文。注文して甥と東京の物価などについて話していると、料理が続々と登場。おお、「羽根付き餃子」は相変わらず、とても立

体的。「おお！」と甥は感嘆の声を上げ、スマホで写真を撮っていた。ああ、やはり今時の子だな。…私のときはスマホはおろか、当初は電話もしばらくは引いてなくて、公衆電話からコレクトコールで時折実家に電話したな。今の人はコレクトコールと言ってもわからんよね、きっと。ちなみに説明しておくと通話料先方持ちのかけ方です。…などと、またしても、思い出の世界に（笑）。ダメですね。「さあ、どんどん食べなさい」と甥と妹にけしかける。私も食べよう。餃子は、皮はサクサクとしつつ薄め。中は野菜シャキシャキと肉々しさのバランスがよく、肉団子的な味わいで食べごたえがある。個人的にはかなり好きな味だ。「おいしい」と甥も喜んで食べている。良かった良かった。それにしても、妹と甥と3人で蒲田で餃子食べているのも何だか不思議な感じだ。その後、「五目チャーハン」550円、「五目あんかけ焼きそば」700円を注文。これまたボリュームがあった。チャーハンはしっとり系で安定のおいしさ。五目焼きそばは具が多くて3人で分けて食べ

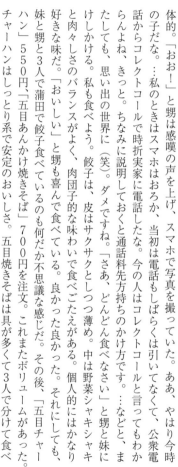

ホカホカの「揚げパン」と甘いコンデンスミルクとの相性はバッチリ!!

てもかなり量がある。…そう、何しろ3人で食べているので、これだけ注文するとかなり満腹となった。しかしだ。「あのさ、ちょっとオススメのデザートあるから、それは食べようよ」と妹と甥に提案。「おじさんがそう言うなら」と甥。…あっ、私はおじさんなんだ（笑）。そりゃそうだけど、なんだか新鮮だなと思いつつ、「揚パン」３８０円を注文。「揚パン？」と2人は訝しんでいたが、「まあこれがおいしいのよ、騙されたと思って」と2人に話していると登場。あ、ちょうど3つある。良かった。「これは中華饅頭のあんなしを揚げたもので、このコンデンスミルクをつけて食べるとおいしいから。これはまだ四国にはないと思うよ」と言って、私も手に取って2つに割る。ホカホカと湯気が出てきたところにコンデンスミルクをつけて食べる。ホカホカふわふわの饅頭の中身とトロリとしたコンデンスミルクのミルキーな甘味がかぶさって素晴らしいハーモニーが口いっぱいに広がっていく。「これ、おいしいね！」と、妹と甥はハモッた。いやあ、良かったと感じ入った、「おじさん」なのだった。

（２０１６年3月）

東京・経堂

笑店

さっぱりとしたスープが絶品のラーメンと至高のチャーハンとの組み合わせ

春らしい薄曇り。花曇りというのかな。今日は、子どもの学校の卒業式なのだ。学校は経堂にあり、それに参加する。とりあえず良い天気で一安心。卒業式の後は学校の食堂で謝恩会があるが、それはまあいろいろ恥ずかしいので、妻に任せる。私は一緒に式に参加した下の子どもを駅まで送っていった。下の子どもはこれからクラブがあるのだ。その後、経堂駅辺りをふらふらと歩く。この駅にも以前ほどは頻繁に来なくなりそうだなあ。そうだ、ちょうど昼だから、『笑店』に寄っていくこととしよう。拙著でも時折出てくる馴染みの店です。本当、この店との付き合いも長いなあ。学校の面談の後、子どもとここで食べたこともあったなあとか思い出しつつ入店。昼どきでやはり混んでいたが、なんとか座れた。ここはカウンター席だけ。荷物を壁側の棚に上げ、薄いダウンジャケットをハンガーにかける。さて、今日は何にしようかな。ちょっと寒くなったので温かいラーメンとチャーハンのセットにしよう。「ラーメンセット」６３０円。カウンター内のおばさんに注文。店の中の雰囲気も全然変わらないなあ。この店は１９９０年代から通っているのでもう20年以上の付き合いになるな。値段は少し上がったけれど、相変わらず安いなと思っていると、注文したセットが素

かれこれ20年以上の
付き合いになる『笑
店』。これからもきっと
通い続けるんだろうな

早く登場。ラーメンはチャーシュー、もやし、メンマ、ネギがのり、チャーハンはネギ、玉子、チャーシューのシンプル構造。

まずはラーメンの麺をぐるぐると回してウォーミングアップ。こりゃ麺の量が結構多いな。ではスープをいただこう。魚介系ダシのよく効いた甘めの醤油スープ。おいしいなあ。私、ラーメン原理主義者じゃないので、それほどラーメンを外で食べることはないのだけれど、ここのスープは本当に感じ入るほど好きだな。

続けて麺をモガモガ食べる。中細麺ですかね。スープと絡み合っておいしい。ではそろそろチャーハンも食べよう。この店のチャーハンはかなり至高の味。しっとり系とパラリ系の中間タイプ。具はそれほど入っていないが、オイリーな感じで、エネルギーに直結するなあ。そしてさっぱりめのラーメンスープがチャーハンの油を洗い落としてくれるんだよね、とか思いつつ、再びラーメンに。もやしが入っているので、少し野菜貯金ができた気がした（笑）。ああ、うまいなあ。子どもは学校卒業してしまったけど、この店には死ぬまで通い続けようと思いつつ、メンマをかじったのであった。

（２０１７年３月）

東京・秋川

ぼん天

家では決して作れない、深みのある辛さが魅力のマーボー豆腐

立川で青梅線に乗り換え、拝島でさらに五日市線に乗り換えて秋川駅にやって来た。ここは確か初めてくる駅だよな。しばらくすると、ここに迎えが来てくれて、ここよりさらに奥地で用事があるのだ。なのでその前に昼ご飯を食べておきたい。駅前の空は高くて青い。冬晴れの気持ちのいい日だ。それにしても、駅前はチェーン店しかないな。チェーン店のなかでの選択ということならば、『はま寿司』で平日90円の寿司でも食べようかなと思っていたら、『ぼん天』という名前のステキな中華料理

屋があるじゃん。郊外の店らしく、駐車場もちゃんとあるドライブインタイプ。ちょっと昭和っぽいカッコいい店構えだな。何だか、どんどんと客が吸い込まれていくな。これはもう間違いないな、と確信して入店。やはり結構混んでいるよ。窓際の4名がけのテーブルが空いていたのでそこに座らせてもらう。

平日の14時くらいだったが、まだランチをやっていたよ（ランチは15時まで）。ランチはＡＢＣの3種類。Ａは「マーボー豆腐」で７４０円、Ｂは「卵入り野菜炒め」８６０円、Ｃは「牛肉と玉ネギのブラックペッパー」９００円。ここはＡですね。最近の私はマーボーブームなのだ。かつてはマーボー豆腐って、原材料高くないし、家でも「丸美屋の素」とかで手軽に食べられるからと思ってそんなに食べなかったが、やはり家で作るのと店のものはおいしさの世界が違うし（丸美屋はあれはあれでとてもおいしい）、実力店のマーボ

マーボー豆腐はもちろん具に干しエビが入っているスープも高レベル！

ーは辛さの向こうに爽やかさや奥深さがあるので、なかなか侮れないのに気がついてしまったのだ。と言うことで、Aを注文。ご飯は大盛りを無料サービスしてくれるそうなのでそうしてもらう。かくして外をぼんやりと見ていると、わりと素早く登場。おお、ご飯は美しく大盛りによそってくれている。マーボー豆腐はずいぶんと美しい。ほれぼれとするな。上にのったネギの青さとマーボーの赤さのコントラストがすこぶるきれいだ。

まずはスープから。ワカメ、ネギの他になんと干しエビが入っているよ！　これはうれしい。甘味のある醤油スープで、エッジが効いていて実においしい。スープがこんなにおいしいとメインのマーボーへの期待が否が応でも高まる。ではマーボーにいってみよう。それにしても赤いな。レンゲで一口すくって食べてみると、何とも深みのある辛さ。挽肉のプチプチ、豆腐の柔らかさ、すべてが完璧だよ、これは！　おかず力がとても高い。このレベルのは家では作れません。でも私はなるべくマーボーをご飯にかけないで、レンゲでマーボを口に入れ、ご飯を続けて口にいれ口内で合体させて食べるのだ。何しろ私は白米至上主義者だからね。マーボーは単調な味わいだと言う人もいるが、本当においしいマーボーは飽きません。それに、豆腐、肉、ソース部分と味の変化もあるからね。さらに今回は、ツボ漬もあるので、箸休めもできるわけだ。かくしてご飯を食べ終え、マーボーだけを堪能する。おいしいなあ。そして一番最後にデザートとしてサラダを食べたのであった。それにしても、この店は餃子もおいしそうだ。もし秋川に来る機会があったらまたぜひ来ようと思い、水を飲んだのであった。

（2017年11月）

神奈川・大船

運ど運屋

のどごしも良く、コシ抜群！　ハイレベルな手打ちうどん

大船にやって来た。ちょっと暖かい春の昼下がり。こういうときは、冷たいうどんをつるつると食べたいものだ。そうだ、『運ど運屋』に行こう。大船の誇る名うどん屋なのだ。ここは達人のご主人がその時の気候に合わせてうどんを打っているのだ（今回もご主人には後でご挨拶した）。

さて、駅前の商店街を抜けて、モノレールの近くに店はある。店内に入り、ちょっと奥の席に座る。味噌煮込みうどんも気になるが、やはり冷たいうどんが食べたいので、セットもの、その中でも前から一度食べてみたかった「玉子丼セット」にしよう。８５０円。そう、定食屋などを訪れた時、「次は○○食べよう」などとあらかじめ決めておくと、次にまた来たくなるのでとても便利です。…さて、店のお兄さんに注文。セットのうどんはもちろん冷たいのにしてもらう。店内には昼下がり独特ののんびりした空気。私以外は買い物帰りらしいおばさんが１人でうどんを食べているだけ。イイ状況だ。店内にあるテレビのニュースをぼんやりと見ていると、玉子丼のセットが登場。相変わらずステキな感じ。カニカマの入ったサラダも付いている。

では玉子丼から食べることとしよう。玉子丼といいつつ、上に海苔がかかり、タマネギ、

シイタケ、タケノコもたっぷり入っていて、とても優しい甘さ。うまいなあ。うららかな春に食べるとなおさらおいしく感じるよ。途中、キュウリの漬物をポリポリ食べる。このままうどんを食べようかと思ったが、すべて食べ終えた後に満を持して食べようと思い、しばし我慢。お次はサラダへ。キュウリやキャベツ、そしてカニカマを食べ、再び玉子丼に戻って食べ終える。

では取っておいたうどんに。ネギとワサビの薬味をおつゆに入れ、そこにうどんを入れてツツッ。半透明のつやつやとした麺は、のどごし、コシといい、相当なレベル。なかなかこのレベルのうどんって、食べることができないんだよなとゴシゴシ食べる。かくして食べ終え、最後におつゆに「そば湯」を入れて飲んだのだった。ちなみに、この店はうどん屋だが、達人のご主人は、わざわざそば湯を別にこしらえているのだ。そう、うどん湯ではありません。スゴイよね。

（2016年4月）

神奈川・小机

阿部商店

心のこもった料理の数々に歓待を受けた秋の夕暮

基本的に私は電車で移動しているため、街の中か、駅に近い定食屋や飲食スポットを訪れることが多い。その中では『阿部商店』はかなり特別なケースだ。JR横浜線に乗っていると、鴨居駅を超えてしばらく行くと、鶴見川の向こうに『阿部商店』の看板と青い壁が見えてくる。気になって一度訪れたらかなり遠かった（笑）。何しろ小机駅から1キロ以上あるからね。歩き方にもよるけれど、20～30分は覚悟して歩かねばならない。ただそれだけ苦労した甲斐があるほど、もうかなりステキな店。首都圏にある秘境系定食屋としてかなり上位に位置する店であると断言できる。神奈川新聞の連載「かながわ定食紀行」で紹介して以来、私は店のおかみさんに気に入られたようで、季節ごとに連絡が入る。「最近暖かくなったね。元気？」とか「夏野菜が取れたからおいでよ」とかいう感じだ。ほとんど親戚化しているわけだ（笑）。

ということで、ある雑誌の取材に協力してくれたお礼もかねて10月後半の夕方訪れてみることにした。今回は鴨居駅から鶴見川に沿って歩いていく。この季節になると、空が透明に高く澄んできれいだ。そして空気も冷たくなって、歩いていても気持ちがいい。そう

だ、ちょうど山口百恵のベストアルバムを持っているのでヘッドホンでそれを聞きつつ歩いて行こう。おっ、「秋桜」だ。なんとぴったりの曲だろうと、娘が嫁に行く秋のことを妄想しつつ、ちょっと涙ぐみつつ（馬鹿だね）、川辺を歩く。そして途中で橋を渡って到着。おお、相変わらずカッコいい暖簾。それをくぐりながら「こんにちは」とあいさつするとお手伝いのご婦人が「あ、今さんだ！」と奥におかみさんを呼びに行ってくれ、おかみさん登場。「あらあ、久しぶり。来てくれたの」とおかみさん。「いやいや。…あの雑誌ではお世話になりまして」とご挨拶する。「とりあえず上がって上がって」とおかみさん。まさに親戚モード（笑）。ここは小上がりなので、靴を脱いで座布団を敷いて座る。「何食べる？」とおかみさん。ここは日替わり定食が肉系と魚系があり、どちらも840円。それはそれはステキな小鉢などが付くのだ。何しろ、この店は自家製野菜を沢山使ってメニューをこしらえてくるので、胃の奥底から「おいしい」と叫びたくほどの素晴らしさなのだ。ただ、今は夕方だったし、そんなにいっぱいは食べられないなと思ったので、前から気になっていたものを食べることとしよう。「あ、焼きそば食べたいんですけど…」というと（540円）、おかみさん「わかった。すぐ作るよ」と。かくしておかみさん厨房に消えていった。お手伝いのご婦人が

「ビールでも飲むかい？」と。「いや、この後また用事があるので」と丁重にお断りしたら、なんとアイスコーヒーを持ってきてくれたよ。それを飲みつつぼんやり待っている。ああ、この瞬間が実にいい。横浜ではなくて、本当に遠いところに来たようだ。あまりの居心地の良さに陶然としていると、「はいはい」とおかみさんが「焼きそば」を持って現れる。うわあ、ものすごい量。キャベツ、もやし、ニンジン、そして豚肉がこれでもかと入っている。食べると野菜のシャキシャキがとてもおいしい。家庭で作る野菜たっぷりの焼きそばに近いけれど、おかみさんのフライパンさばきが絶妙なので、炒めた野菜が一切クタッとしていないところがすごい。それにしてもものすごい量なので、食べられるかなあと不安に思っていると、「焼きそばだけじゃ、あれだから…」とおかみさんが何と天ぷら定食のようなものを持ってきてくれたよ（笑）。「残り物だから」とか言っていたが、野菜の天ぷらはどう見ても揚げたて。あーあ。ありがたく頂戴したのだった。玉子のお吸い物も、豆の炊き込みご飯も、野菜の煮付も、浅漬けも素晴らしくおいしかったが、さすがに天ぷらまでは全部食べられなかったので、

それはお土産にしてもらいました。…これじゃあ、ますます親戚だよ(笑)。

追記…正直に記しますと、『阿部商店』では私は相当良くしてもらっています（まあ文章読んでいただければおわかりの通り）。本来はこのように良くしてもらったことを書くのは、「定食の前に人は平等」（つまり、特別扱いされない）とのポリシーのもとに定食研究を行っている私としては、忸怩たるものがありますが、それでも阿部商店の「温かさ」「居心地の良さ」をお伝えしたかったのです。大変すみません。でももし、皆様も興味を持っていただけたら、

食べきれないほどの料理の数々。まるで親戚のおばちゃんの家に遊びに行ったかのような感じで饗応されてしまいました（笑）

小机駅か、鴨居駅からテクテク歩いて、『阿部商店』を訪ねてください。肉か魚を選べる日替わり定食840円を食べておけば、まず間違いはございません‼（2016年10月）

愛知・豊橋

壺屋

こってりとした甘口の油揚げと酢飯とのバランスが抜群の「稲荷寿司」

浜松に用事があり、その後東海道線に乗って名古屋に行く。途中豊橋駅で乗り換えることとなった。すると『壺屋』で「稲荷寿司」を売っているじゃん！　私、稲荷寿司はずっと研究の対象で、以前『ニッポン定食紀行』でも少し紹介した。実は明治22（1889）年創業の『壺屋』は明治末期から稲荷寿司の販売を開始した老舗中の老舗なのだ。そもそも、稲荷寿司は尾張名古屋発祥説もある。そんな東海地方の老舗の稲荷寿司を前からずっと食べてみたかったんだよね。ということで、すぐ購入。520円。その時は食べる時間がなく列車にすぐ乗り込み、結局その日の夜に名古屋のホテルで夜食として食べる。ありゃりゃりゃ。リュックに横に入れてたせいでか、汁が少しこぼれてしまったよ。

創業明治22年発売以来、1日も休まず
作ってきたという稲荷寿司

とりあえずステキな白いお狐さまの懸け紙を取り、中を見ると稲荷寿司は7つ。袋入りの紅生姜も入っている。早速1個食べると、優しく強めの甘さがジュワッと口の中に広がっていく。油揚げは三河産の醤油と白ザラメで味付けしているそうだ。この油揚げとそれほど強くはない酢飯のバランスがとにかく素晴らしい。具は入っていなくて、関東と同様のシンプル系お稲荷さんだ。2個食べて、紅生姜を少し食べる。…おっ、口の中が引き締まって実においしい。まだ5個もあるから、紅生姜の配分を考えつつ大事に食べようと思ったのだった。

（2015年4月）

京都

ドーミーイン

素朴で懐かしいあっさり醤油スープがクセになる無料「夜鳴きそば」

インバウンドのせいで、京都のホテルの予約がとても取りにくい。少し苦労してなんとか京都駅前の『ドーミーイン』が取れた。最近は、大阪も含めて、ビジネスホテルも本当に取りにくいなあ。そういえば、都内のホテルもとても取りにくいんですよと、地方からやってくる人たちがいつもぼやいているのを思い出した。ちょっと前まではこんなことはなかったんだけどね。

ということで、雨の降る夜更けに『ドーミーイン』にチェックイン。実は私、『ドーミーイン』に泊まるのは初めてなんだよね。なんとフロントでおしぼりを出してくれたよ。とりあえず、部屋に荷物を置いてと。さて、お腹が空いたな。忙しくて晩ご飯も食べてなかったし。フロントのある1階のレストランで「夜鳴きそば」のサービスをやっているそうだ。どうやらハーフサイズのラーメンを宿泊者はサービスで食べられるらしい。こりゃすごい。外に食べにいく前にせっかくなので食べていこう。レストランに入り、番号フダをもらってしばし待つ。本当にどうやら中国、韓国、台湾から来た観光客だらけだな。そんな様子を見ていると、私の番号が呼ばれので取りにいく。へえ、メンマ、ネギ、そして

海苔がたっぷり。さっそくスープから。あっさり醤油スープに海苔の磯の香がふわりといいアクセントになっている。これはいい。麺は中太。シコシコしていておいしい。お腹が空いていたのですぐに食べ終えてしまう。ああおいしかった。では本格的に食べに行こうと外に出るが、さきほどより雨足は強くなり、またホテルの近辺は食べる店（少なくとも私が興味のありそうな店）は何もない。時間も22時だからほとんどが店じまいしている。ガーン。仕方がないので、セブンイレブンに入ると、ここもほとんど観光客が買い物をしていった後で、弁当関係はほぼなくなっている。なんとか残っていたおにぎり2個入りを買い、スゴスゴとホテルに戻る。部屋でこのおにぎりを食べようかなと思ったが、フロントで「夜鳴きそばは2回食べてもいいのでしょうか?」と聞くと、フロントのお兄さんは「どうぞ、どうぞ! 何度でも食べてください!」と笑顔。わあ。こりゃいいホテルだなあ。「ありがとう! じゃあ、もう一度食べさせてもらいます」とお兄さんに言って、再びレストランに入ったのであった。

（2016年12月）

まさか何度でも食べていいとは！『ドーミーイン』さんの太っ腹ぶりにはビックリです

広島・呉

森田食堂

居酒屋達人・浜田信郎氏オススメのステキな食堂

呉に来ている。ここは畏友、浜田信郎さん（居酒屋の達人）がよく来る街で、浜田さんの文章を読んでいると、どうやらここは素晴らしい定食ワールドが広がっているらしい。その中でも、駅前にある『森田食堂』にぜひ行ってみたかった。ということで、松山行きのフェリーが13時10分に出るので、その前に昼ご飯を食べておこう（ちょっと四国の実家に帰るのだ）。お目当ての駅前の『森田食堂』の前に立つ。これは実にカッコいい。想像以上だ。武者震いしつつ店に入ると、長机が2つほどカウンターが向かって右にあるつくり。入口横にはセルフの陳列棚があり、まずそこを眺める。小イカを煮たものがおいしそうだったので、まずこれを手に取る。３００円。そして浜田さんオススメの「湯豆腐」３００円、そして迷ったけれど、「玉子入り味噌汁」１８０円とライスの小１７０円を注文。私としてはかなり贅沢な食事となった（笑）。店のご婦人にご挨拶をしていると、ご飯、おまけの沢庵、お茶、玉子入り味噌汁、湯豆腐が続々とやってくる。あらら、湯豆腐は汁系だったので、汁がダブってしまったよ（笑）。「イカ温めましょう」とお店の人が温めてくれた。いやあ、あたたかいお店だ。

まずは味噌汁。豆腐、ネギ、油揚げと半熟の玉子が入っているので、黄身の部分をご飯

東京ではあまり食べることのできない「小イカの煮付け」は甘い味付けと歯ごたえが最高でした

にのっけて、「半熟玉子かけご飯」に変身させる。この玉子入り味噌汁って、おいしいのに東京だとあまりみない。さて、味噌汁のエキスを含んだ黄身をまぶしてご飯を食べると、ステキなおいしさ。白米至上主義の私がこの玉子の誘惑には勝てず、混ぜご飯にして食べてしまうのだった（笑）。続けて小イカの煮付け。これは瀬戸内の小イカ。甘く煮てあって、イイ歯ごたえ。さらにイカの中に「子」（玉子）が入っていて、香ばしくておいしい。これも東京ではほとんど食べられないなあ。そして湯豆腐。豆腐の上におぼろ昆布、ネギ、カツオ節がのっていて、熱々！　食べると淡白な口当たり。さらに柚子も入っているのでとても爽やかな味わいだ。ただしあまりにも熱々なので、ご飯の上で少し冷ます作戦をとることに。あれれ、白米は白米として食べるいつもの習慣が今日はあんまりできないなと思いつつ、お茶を飲んだのであった。（後で冷水も汲んできて飲みました）。

（２０１５年６月）

長崎・長崎空港

牡丹

レベルの高い地元ご飯が食べられる空港レストランは要チェック!!

1泊2日の長崎の旅が終了。知り合いに長崎空港まで送ってもらった。やれやれ、疲れたな。案内板を見ると、羽田行きの出発が遅れているようだ。それじゃあ、飛行機に乗る前にここで夕食を食べていくか。そう言えば長崎の知人たちが「おいしいちゃんぽんの店が空港にあるよ」と言っていたな。せっかく教えてもらったし、そこにしようと探すとありましたよ、空港ビルの1階に、『中華レストラン牡丹』。地方の空港のレストランは、実は地域の人々にも愛されているんですよね。駐車場があるので車で行くことができるのと、値段は少し高いが、地域を代表するクオリティの高い店が入っているので、たまに食べたくなるらしい。四国の実家の両親も、松山に用事があるときは、わざわざ松山空港まで行って、食事すると言っていたものな。

さて、話を戻して。夕食にはやや早い時間だったせいか、店内はそれほど混んではいない。壁際の4人がけのテーブルに座らせてもらう。まずは「ちゃんぽん」だな。１０３０円。ご飯ものも一緒に食べたいなと思ってみていたら、おにぎりが１２０円であったのでこれも一緒に食べよう。ちゃんぽんはミニサイズもあったが、フルサイズで勝負しようと注文。店内はやはりちゃんぽんか皿うどんのいずれかを食べている人が多い。あ、出張帰

長崎に来たならばやはり「ちゃんぽん」は外せません！

りのサラリーマンが宴会をやっている。楽しそうだなと思っていると、注文したちゃんぽんとおにぎり登場。あ、おにぎりにはツボ漬も付いていてうれしい。

まずはちゃんぽんをかき回してスープをゴクリ。ほんのり甘くてコクのあるスープ。いいね。続けて麺。もちもちの柔らかめの麺だな。具はキャベツ、もやし、ニンジン、ニラなどの野菜と、赤いカマボコ、ちくわ、エビ、イカの海鮮系、そして肉と、うれしい盛りだくさん。いやあ豊かな気持ちになるね。おにぎり（胡麻がかかっているだけで具のない塩むすび）を食べつつ、スープを飲むと、口の中でスープとご飯が融合して、ふわっとおいしさが広がる。いやあ、やはりちゃんぽんスープはご飯との相性も抜群だと思いつつ、もりもりと食べ進めたのであった。

追記…この組み合わせは結構満腹になります。ちょっと高いかと思ったけど、このボリュームなら、むしろ安いかなと思う。

（2016年12月）

第6章

ステキな一杯を求めて 立ちそば巡礼は続くよ

「ステキな一杯を求めて　立ちそば巡礼は続くよ」

竹書房からは「立ちそば」の本も2冊出しているが（『立ちそば大全』『立ちそば春夏秋冬』）、まあ普段から立ちそばも食べ続けているわけです。頻度としては、『小諸そば』が多いけれど、今回は小諸以外の4店舗を紹介。ちなみに最近は立ちそばと言いつつ、座席が充実している「座り街そば」もしくは「座り駅そば」が増えていますね。また、チェーン店でもなかなかおいしいそばが食べられることも多い。そんなこともあって、冒頭では『てんや』を紹介しています。

神奈川・日吉

てんや

サクサクの天丼に小そばが付いたコスパ最高の「550セット」

日吉の『てんや』の前を通ったら、「てんやの日」と案内があった。そうか、18日は天丼が390円になるんだよね。さらによく見ると、小そばが付いている「550（ゴーゴー）セット」がある。つまり550円。いいじゃない！　入店すると14時過ぎだったこともあり、店内はわりと空いていた。着席して注文。温かいそばやうどんにもできるそうだが、ここは冷たいそばで。暑いしね。出てきた冷たいお茶を飲みつつ待つ。『てんや』は実は690円の「天ぷら定食」が素晴らしい。ほうれん草のお浸しが付く上に、ご飯もお代わりができるからね。さらにテーブルの上には食べ放題のツボ漬もあってとてもうれしい。早く食べたいなと思うが、揚げているからか、天丼は牛丼ほどにはすぐに出てこない。しばし待った後に到着。小そばなので、そばは少なめだけれども、これは立派な天丼セット。550円なら安いでしょう。

このセットは味噌汁が付かないので早速天丼から食べる。具は「海老、いか、なす、れんこん、おくら」。普段の500円天丼は「海老・いか・きす・かぼちゃ・いんげ

『てんや』のそばはそば粉が多い、「二八そば」というのが特徴

ん」なので、実は若干具が異なるのだ。ただ、天ぷら自体はサクサクの上がり方で、やや甘く、サラッとしたタレがご飯と天ぷらを調和させて、おいしいハーモニーを奏でている。いつも通りの『てんや』クオリティ、いつも通りのおいしさ。この安定感がいいよね。続けてそばにいってみよう。これは「二八そば」だそうだ。そば粉の比率が高いんだね。ワサビとネギを麺つゆに入れて食べる。細めの麺はツルツル食べられてのどごしもいいそば。麺つゆの味わいもよく、とてもバランスがとれている。率直においしい。ただ、弱点はやや少なめということで、そのあたりはやはり小そばなのだった。

（2016年8月）

東京・麹町　ゆで太郎

たっぷりのそぼろと温玉のなめらかさがクセになる「温玉そぼろ丼」

麹町は私にとってとても用事が多いスポットで週に何度も来る。ただ昼にかかるタイミングは少ないため、あまりこの街で食事をしたことはない。しかし、今日はたまたま14時半に訪れ、

次の用事までにお昼を食べておかないと、夜中まで食べられない状況となりそう。つまり時間がないがしっかりエネルギーチャージをする必要があるのだ。こういうとき、やはり立ちそばは便利ですね。立ちそばで麹町なら、我らが『ゆで太郎』がある。今回訪れたのは六番町店。「♪ゆで太郎〜」と、私は勝手にテーマソングを作っていて(笑)、それを心の中で歌いつつ店の入り口に立つ。メニューを見ると「夏祭り」というメニューがあり、その中でそそられたのが「温玉そぼろ丼セット」530円。これだな。入店して券売機でチケットを買い、カウンターでおやっさんに「冷たいそばで」と伝えて渡す。お昼はとっくに過ぎているのに、店内はおっさんたちで混んでいる。この辺りはサラリーマンがとても多いからね。そんなことを思っていると、「そぼろ丼の方〜」と呼ばれたので、受け取って、窓際のカウンター席に座る。こりゃまたおいしそうだ。

まずはネギを麺つゆに入れる。あ、ワサビも貰ってこないと。カウンターでもらってきて麺つゆに入れて準備完了。まずはそばから。『ゆで太郎』は店舗で麺を打っていて、コシのある細麺が特徴。麺もおいしいが、実は冷たいそばの麺つゆがやや甘めで、私的にはとても好き。味覚は年齢とともに変わるが、『ゆで太郎』の麺つゆはかつてより甘く感じるなあ。『箱根そば』も甘いけど、『ゆで太郎』の方が甘さが軽い気がする（もちろん個人的な感想）。片や、『小諸そば』の麺つゆは、甘くないのが特徴だ。

　さて、温玉丼を食べよう。温泉玉子の部分を崩して、そぼろにまぶして食べる。甘辛のそぼろがたっぷりのり、そこに温玉が参加するわけだから、これはもうめちゃくちゃおいしい。そぼろの粒々肉の頼もしさと温玉のなめらかさでご飯がどんどん進むなあ。ご飯も柔らかくていい炊き加減。さすがの『ゆで太郎』。バッチリエネルギーチャージができたのであった。…あ、後でそば湯ももらいました。

（2016年6月）

『ゆで太郎』のそばはコシのある細麺と甘い麺つゆが特徴

東京・門前仲町

天かめ

これぞ〝江戸の味〟！　甘辛いタレに浸された天ぷらはおかず力満載!!

門前仲町のブックオフ（私は「ブック」と呼ぶ）は、名店の誉れが高いが、その途中にあるのが『天かめ』。ここはものすごくおいしそうなオーラが漂っている。ある昼時に店の前を通りかかると、どんどん女子が入店して行く。これはもう間違いありませんね。私の長年の経験から導き出した法則では、女子にも愛される立ちそばはまず間違いありません。「速さ」一番のおっさんに対して、女子はともかく「味」を大事にするからね（もちろん、味を重視するおっさんもたくさんいますがね）。私もここでお昼を食べていこう。

入口に券売機があるので、まずここでメニューを決めねばならない。しっかり食べておきたいので、丼とのセットにしよう。天丼セットとエビ天丼セットがある。天丼はかき揚げ＋エビ天、エビ天丼はエビ天2尾。うむ、かき揚げも食べたいので、ここは天丼セットだな。今日は寒いので、温かいそばにしよう。500円。チケットを買い、店内に入る。立ちそばと言ったが、基本は座って食べられるようだ。座って食べられるのが、女子が好む立ちそば店の大きな

天ぷらのクオリティと立ちそば的なおいしさ溢れるそばのセット。これで500円はリーズナブル

特徴ですね。カウンターでチケットを渡していると、私の前のおじさんが入口に回ってドアを閉めてくれる。この店は自動ドアではなかったのだ。おじさんに目礼をすると、おじさんも目礼で返してくれる。ステキな定食屋や立ちそばの店のルールですね。奥の席に座り、待っていると出来たようなので取りに行く。…これはおいしそう。そばは揚げ玉とネギ入り。まずはおつゆから。やや甘めのちょっと強めの味。いやあ、これキック力あっておいしい。何よりも熱々なのであったまるなあ。麺はもちもち細麺でいい感じ。温かいそばだからということもあるだろうが、コシは強くはない。立ちそば的なおいしさ。では天丼。かき揚げはタマネギ、春菊、ニンジンと野菜たっぷり。甘辛いタレで浸してあり、おかず力爆発！　このそばといい、天丼といい、さすがは深川、江戸の味が生きているなと実

感。再びそばに戻りズルズル食べて、また天丼に。エビ天もタレでくったりしていて、これもご飯に馴染んでおいしかった。エビもしっかり入っているしね。今後はブックの往復時に食べることにしよう。

追記…ちなみにこの店は七味もとてもおいしいんです。

（2017年1月）

東京・豊洲

箱根そば

大きな豆腐がドンとのった、名作「豆腐一丁そば」が復活！

いつも通過している小田急町田駅北口の『箱根そば』。ある日通りかかると、「豆腐一丁そば」のポスターが貼られている。おお、復活したのか！ 2015年に、「丹沢の恵み　大山とうふそば自然薯がけ」として上品になって登場したことはあったが（『立ちそば春夏秋冬』収録）、かつてと同様のタダシイ形での復活のようだ。これは今年の夏に一度は食べておかないといけないなと思いつつ、その時

はオフィスに行く途中だったのでそのまま通り過ぎた。

その後、用事があって豊洲にやって来た。確か、この街にも地下鉄の駅を出たところに『箱根そば』があったと思いつつ、同店を訪れるとやってましたよ、「一丁そば」。今は12時。ただし、今日は日曜日なので、そんなに店内は混んでいないようだ。値段は450円。2004年に初めて食べたときは確か400円だったからそんなに値段は変わっていないな。やはりご飯ものも一緒に食べようと思い、「一膳ご飯」も100円で追加。合わせて550円ですね。チケットを買って入店。ここは細長い店なので、奥の方に行き、カウンターでチケットを店の人に渡す。「そばですか、うどんですか」と聞かれたので、「そばで」とお願いする。待っている間に水を用意し、暑かったのでグビグビ飲む。ああ、冷たくておいしい。カウンターの向こうではお兄さんが懸命に作っていて、パックから豆腐を出そうとしているが、なかなか出ないので、先輩のおばさんが介助。さらに揚げ玉、ネギを麺の上にセットして完成。「あれ？　こんなに大きかった？」と思わずおばさんに言ってしまう。「昔食べていた時より大きな気がします」と言うと、おばさんは笑顔。一膳ご飯ももらって、お盆にのせてテーブル席に運ぶ。…まずい。すごいボリュームだ。「豆腐一丁そば」だけで、結構なボリュームだったことをすっかり忘れていた。まあ、でも注文してしまったんだから、残さず食べよう。

まず豆腐を崩して、おつゆに浸して食べる。淡白な味わいでスルスルと体に入っていくな。カツオ節、生姜も豆腐の上にのせてあるので、ネギとともに、冷奴的に味わうこともできるのだ。続けてそば。やや甘めのつゆと、『箱根そば』特有コシのある麺がおいしい。もうこの味を体がすっかり覚えていますね。ただ、ポイントは別々に食べるのではなく、崩した豆腐と麺を混ぜて食べると、さっぱりとした食べ物同士なのに、食べ進めるとじわじわとパワーがついてくるのが、この一丁そばのスゴイところ。甘めの麺つゆが豆腐とそばのいい「つなぎ」になっているのだ。…あ、ご飯も食べよう。鮭のフレークがのっていて、なんだか豪華だな。鮭おにぎりよりも「食べた感」がある。…それにしても、これは量が多い。一丁そばだけでもよかったんだよ。もう私は立派なおっさんになっているのだから。かつてより量も食べられなくなっている。それでも注文したわけだから、責任を持って全部食べようと思い、再び豆腐を崩し、そばをすすったのであった。…く、なんとか完食。久々に超満腹となりました。…苦しい。

（2017年8月）

崩した豆腐と麺を混ぜて食べると、じわじわとパワーがついてきます！

おわりに

「定食と音楽」

定食屋、洋食屋、居酒屋では「音楽」が流れていることがしばしば。味の記憶と同時に、音楽も記憶されていることがあります。「テレビ」や「ラジオ」がかかっていることもあるけれど、不思議なほど、放送系では歌番組であることは少ない。「テレビ」ならたいてい「ニュース」「バラエティ」「ドラマ」、「ラジオ」は圧倒的にＡＭで、これまたニュースを挟み込んだ「バラエティ番組」が多い。最近はテレビ、ラジオともに野球など「スポーツ番組」を流しているケースは少ない。一方、「音楽」の場合は、おそらく有線放送なのだろうか、ジャンルがある程度決まっている。「洋食屋」の場合は、１９６０年代の洋楽ポップス、つまりオールディズが比較的多いか。私もこのジャンルはとても好きで、ロネッツの「ビー・マイ・ベイビー」やライチャス・ブラザーズの「ふられた気持ち」などフィル・スペクター系がかかっているとその後一日はとてもハッピーな気持ちになる。また、定食屋や食堂で最近多いのは１９７０～90年代の歌謡曲やＪ－ＰＯＰ。「山手線」で紹介した『キッチンＡＢＣ』も

そうだった（ここは洋食屋だけれど）。この時代の曲はいわゆる懐メロなわけで、おっさんたる私が入った店で、この時代の曲が不意打ちでかかると、記憶の扉が一挙に開いてしまって困る。たとえば、シャネルズの「ランナウェイ」だったら、近所のお兄さんたちと海辺にキャンプに行ったときにかかっていた曲なので、暗い砂浜と、磯の匂いがよみがえるし、オフコースの「さよなら」は中学時代にこの曲を好きだった、戸山さん（仮名）のおかっぱ頭を思い出してしまう。戸山さん、勝気な人でいつもやり込められていたけど、今振り返ると色も白くて、ちょっと茶色がかったおかっぱ頭がなんだかキュートだった…とか、記憶の洪水が脳からあふれ出始めたところに、「はい、チキン南蛮定食です」と料理が出てくる（笑）。そして味噌汁を飲みつつ、タルタルソースを味わいつつも、頭のなかではずっと戸山さんやキャンプに一緒に行ったお兄さんのことがぐるぐる回っているのだった。さらに重症の場合は、YouTubeで探したり、帰りにＴＳＵＴＡＹＡに寄ってアルバムを借りたりする……と、記してくると意外に音楽は定食屋や洋食店などのお店にとってとても大事な存在なのだ。

一度、「定食と音楽」というテーマで一冊書いてもみるのもいいかなと思いつつ、今回は筆をおくこととしよう。

２０１７年11月。谷村新司の「昴」を聞きつつ。　今柊二

ニッポン定食散歩

2017年12月7日初版第1刷発行

著者●今柊二

発行人●後藤明信

発行所●株式会社 竹書房

〒102-0072 東京都千代田区飯田橋2-7-3

TEL 03-3264-1576(代表)

TEL 03-3234-6224(編集)

http://www.takeshobo.co.jp

印刷所●凸版印刷株式会社

ISBN978-4-8019-1287-8　C0176